私家版・ユダヤ文化論

内田 樹

文春新書

519

私家版・ユダヤ文化論／目次

はじめに　6

第一章　ユダヤ人とは誰のことか？　9
1　ユダヤ人を結びつけるもの　10
2　ユダヤ人は誰ではないのか？　18
3　ユダヤ人は反ユダヤ主義者が〈創造〉したという定説について　37

第二章　日本人とユダヤ人　59
1　日猶《にちゆ》同祖論　60
2　『シオン賢者の議定書《プロトコル》』と日本人　74

第三章　反ユダヤ主義の生理と病理　97
1　善人の陰謀史観　98
2　フランス革命と陰謀史観　103
3　『ユダヤ的フランス』の神話　117

4 〈バッド・ランド・カウボーイ〉 127
5 騎士と反ユダヤ主義者 134
6 モレス盟友団と個人的な戦争 138
7 起源のファシズム 145

終章 終わらない反ユダヤ主義 159

1 「わけのわからない話」 160
2 未来学者の描く不思議な未来 169
3 「過剰な」ユダヤ人 174
4 最後の問い 183
5 サルトルの冒険 190
6 殺意と自責 200
7 結語 213
8 ある出会い 230

新書版のためのあとがき 237

はじめに

『私家版・ユダヤ文化論』とタイトルにあるように、これは私個人の知的関心に限定して書かれたユダヤ人論である。ユダヤについて中立的で正確な知識を得たいと思う人のために書かれたものではない。そのような書物を望まれる方は、この本はそのまま書棚に戻されて、より一般的な他の入門書を手に取られた方がよいと思う。

私が本書で論じたのは、「なぜ、ユダヤ人は迫害されるのか」という問題である。そのことだけが論じられている。

この問いに対しては、「ユダヤ人迫害には根拠がない」と答えるのが「政治的に正しい回答」である。だが、そう答えてみても、それは「人間はときに底知れず愚鈍で邪悪になることがある」という知見以上のものをもたらさない。残念ながら、それは私たちにはすでに熟知されていることである。

この問いに対して、「ユダヤ人迫害にはそれなりの理由がある」と答えるのは「政治的に正しくない回答」である。なぜなら、そのような考え方に基づいて、反ユダヤ主義者たちは過去二千年にわたってユダヤ人を隔離し、差別し、追放し、虐殺してきたからである。

ユダヤ人問題の根本的なアポリアは「政治的に正しい答え」に固執する限り、現に起きている出来事についての理解は少しも深まらないが、だからといって「政治的に正しくない答え」を口にすることは人類が犯した最悪の蛮行に同意署名することになるという点にある。政治的に正しい答えも政治的に正しくない答えも、どちらも選ぶことができない。これがユダヤ人問題を論じるときの最初の（そして最後までついてまわる）罠なのである。

この罠を回避しながら、なおこの問題に接近するための方法として、私には問題の次数を一つ繰り上げることしか思いつかない。今の場合、「問題の次数を一つ繰り上げる」というのは、「ユダヤ人迫害には理由がある」と思っている人間がいることには何らかの理由がある。その理由は何か、というふうに問いを書き換えることである。

「反ユダヤ主義には理由がある」ということと、「反ユダヤ主義には理由があると信じている人間がいることには理由がある」ということは似ているようだけれど、問題の設定されている次元が違う。

その問いは「人間が底知れず愚鈍で邪悪になることがある」のはどういう場合か、という問いにも書き換えることができる。経験的に言って、人間はまったく無動機的に愚鈍になったり邪悪になったりすることはない。私たちはそうあることを熟慮の末に選んでいるのである。私たちが自分の暴力性や愚かしさを肯定するのは、それによって得られるものがそれによって失われるものより大きいという計算が立った場合だけである。

では、自分が暴力的で愚鈍であるという事実を受け容れてまで私たちが手に入れたいと望む「疾病利得」とは何なのか？　それはどうして反ユダヤ主義という形態を選択することになるのか？

それについて以下に私見を記す。

もう一度お断りしておくが、私のユダヤ人問題に対する立場は中立的なものではない（私の学問上の師はユダヤ人であり、私はその師から「ものを考える仕方」を教わった）。ユダヤ人問題についても十分に深い知識を有しているわけではない（私以上にこの問題に詳しい人は日本にもいくらもいる）。

けれども、人間の邪悪さと愚鈍さはどのような様態を取るかについてなら、私はたいへんに詳しい。私自身がその無尽蔵のデータベースだからである。本書を『私家版』と名づけたのはそのためである。

第一章　ユダヤ人とは誰のことか？

1　ユダヤ人を結びつけるもの

二十年ほど前、パリの世界イスラエル同盟（Alliance Israélite Universelle、一八六〇年に創設されたユダヤ人の相互扶助のための国際組織）に電話をかけたことがある。付属図書館で資料を検索させてもらおうと思ったのである。電話口に出た司書らしき女性に事情を申し上げた。

「日本から来た研究者でウチダというものですが、資料を拝見できませんでしょうか？」

すると、その女性はこう答えた。

「ムッシュ・ウチダ？……あ、このあいだレヴィナスの『困難な自由』の翻訳をした人ですね」

翻訳が出たのはたしかにその一年前のことである。でも、どうして彼女がそんなことを知っているのか。

彼女がパリの街角の書店で、なにげなく私の訳したエマニュエル・レヴィナス『困難な自由』を手にとって、「あら、レヴィナス先生のご本、日本語訳が出たのね」というようなことをつぶやいたという確率は限りなくゼロに近い（日本国内の書店においてさえ、手に取られることのまれな書物だったのだから）。

可能性として考えられるのは、各国で出版された「ユダヤ人に関連する文書」についての網羅的なリサーチが行われているということである。

しかし、ほんとうにそんなことが可能なのだろうか。

先年、『マルコポーロ』という雑誌が「強制収容所にガス室は存在しなかった」と主張する論文を掲載して、駐日イスラエル大使館やユダヤ人の人権団体サイモン・ヴィーゼンタール・センターからの強い抗議を受けて、廃刊になったことがあった。この事例から私たちは「ホロコースト」以後、世界各国における「ユダヤ人論」の類について、かなり網羅的なリサーチが行われていることを窺い知ることができる。

問題は、今私が「かなり網羅的なリサーチが行われている」と受動態で書かなければならないという点にある。誰がそのリサーチを行っているのか、それを実定的な語で正しく指称することが私たちにはできない。そのことが問題を複雑にしている。

逆のケースを考えてみるとことの複雑さの意味がわかるだろう。世界各国のメディアにおける「日本人論」の類を（流言飛語の類を含めて）、網羅的にリサーチしている日本人組織というものを私たちは想像することができない。

アメリカの議院には「ユダヤ・ロビー」というものがあって、ユダヤ系市民がアメリカ政府の中東政策決定プロセスに深く関与しているとよく言われる。だが、そんなことが「よく言われる」ことであるということ自体ちょっと変ではないか。というのは、アメリカ政府の政策決定に「日本ロビー」が影響力を与えたなどという話を私たちは聞いたことがないからである。

もちろん日系アメリカ市民のための団体は存在する。会員二万四千名を擁する日本アメリカ市民同盟は、九・一一テロの後に、アラブ系アメリカ人やイスラム教徒に対する暴行が発生している事実に対して「深い憂慮の念」を示し、「同国人であるアメリカ国民に対し行動の自制を求め」、「いかなる集団であってもその民族的特徴、宗教、国籍を理由に排撃されることがないよう」アメリカ市民に訴えた。訴えはまことにもっともなものであり、私には何の異論もない。しかし、彼らが守ろうとしているのは、あくまで「アメリカ市民としての人権」、「アメリカの民主主義原則」であって、アメリカ以外の土地に住む「日本国民の人権」や「日本国の統治原則」にはこの市民組織は特段の関心を示していない。

世界各国に日系人はいる。政治家やジャーナリストや財界人など、その国の政策決定にコミットしている日系市民も少なくない。にもかかわらず、彼らが、居住国の政府が日本政府の諸政策を支持するように活発なロビー活動を展開しているというような話を私は寡聞にして知らない。

私は別にそのことを不満に思っているわけではない。在外日系市民に「愛国心が足りない」

とか外務官僚に「世界的な広報戦略がない」とか、そんな無体なことを私は申し上げたいわけではない。むしろそういうことをしない方が「ふつう」だと思っている。

だからこそ、「ユダヤ・ロビー」というような「ふつうでない」ものを指すことばを、まるで語義が熟知されたことばでもあるかのように軽々に用いる人に対しては違和感を覚えるのである。おそらく、そういう人たちは、「イスラエルに強い帰属感を有する在外民族集団」のようなものを思い描いているのだろう。

たしかに、アメリカでもフランスでも、イスラエルで問題が起きるたびに、ユダヤ系市民に対して「二重の忠誠」の嫌疑がかけられる（「あなたは自分が市民権を有している国よりも、『外国』であるイスラエルに対して、より強い忠誠心を抱いているのではないか？」）。しかし、この「二重の忠誠」を「不自然」であると感じる人間は、それを告発することによって、国民国家と国民の関係のみが共同体の「自然」であり、国民国家の成員でありながら、それとは別種の共同体に強い帰属感を持つことは「市民としての義務違反」であると信じている彼自身のイデオロギー性をはしなくも露呈していることには気づいていない。

世の中には、国民国家の国民が共同体に統合されている以外の仕方で統合されている集団が存在する。国民国家というようなものができる以前から存在した社会集団の場合、その集団への帰属意識が国民国家の枠内には収まらないことがあっても少しも不思議はない。そういう集団が現に存在するということについては、もう少し粛然とした態度を取るべきではないかと思う。

私たちは他国の議会で「日本ロビー」が活動していないことを怪しまないし、世界各国における「日本人論」言説を精査する国際的ネットワークを組織することにも思い至らない。うるさく「愛国心」の涵養を言い立て、「日本人としての自覚」を教え込もうとしている当の日本政府もそのような活動にはほとんど興味を示さないし、国民もそれを咎めない。どうしてかというと、それは私たちが「外国にいる日本人のことなんか、どうだっていい」と思っているからである（そして、外国にいる日系人は「日本にいる日本人のことなんか、どうだっていい」と思っている）。

冷たいようだが、そうなのである。

日本国と日本国民の関係を「モデル」にして、社会集団統合を構想すれば、この「非人情」こそが常態なのである。それは、「国民」というのは、原理的には、地理的に集住し、単一の政治単位に帰属し、同一言語を用い、伝統的文化を共有する成員のことだと私たちが信じているからである。だから、そのうちのどれか一つでも条件が欠ければ、国民的連帯感が損なわれるのは当然のことだと私たちは考える。外国に定住する日本人、日本国籍を持たない日本人、日本語を理解せず日本の伝統文化に愛着を示さない日本人、そのようなものを私たちは「日本のフルメンバー」にカウントする習慣を持たない。それは私たちにとっての「自明」である。

　だが、私はこれを一種の「民族誌的奇習」であると思っている。世界のマジョリティはこの「奇習」を共有しているが、「奇習」はどれほど広範囲で実施されていても「奇習」であることに変わりはない。私たち日本人は日本に固有の民族誌的奇習のうちに幽閉されている。これは別に私が声高に言い立てなくても知識人のみなさんにはすでに熟知されていることである。その上で私が申し上げたいのは、この「固有の民族誌的奇習」のうちにとどまる限り、ユダヤ人のことは分からないということである。

　印象的な例を一つ挙げよう。

　アメリカにジェイコブ・シフ Jacob Henry Schiff（一八四七-一九二〇）という人物がいた。シフはドイツ生まれのユダヤ系の銀行家で、アメリカに渡り、クーン・ローブ商会グループの総帥としてアメリカ財界に君臨した人物である。[1]

　彼は明治末年、日本政府の一部と軍部に忘れがたい印象を残した。それは彼が日露戦争のときに、日本政府が起債した八千二百万ポンドの戦時公債のうち三千九百二十五万ポンドを引き受けたからである。シフは帝政ロシアにおける「ポグロム（反ユダヤ的暴動）」に怒り、虐殺陵辱された「同胞」の報復のためロシア皇帝に軍事的な鉄槌が下ることを望んだのである。日本の戦費調達に協力すると同時に、シフはグループの影響力を行使して、ロシア政府発行の戦時公債の引き受けを欧米の銀行に拒絶させた。このユダヤ金融資本ネットワークの国際的な支援は日露戦争の帰趨に少なからぬ影響を及ぼした。

シフはその後も生涯を挙げて「反ユダヤ」的な帝政ロシアと戦い続けた（日露戦争後は、ロシア国内の革命運動を支援するためにケレンスキーに資金援助を行った）。だが、彼は生まれ故郷のドイツにも、市民であったアメリカにも、資金援助した日本にも、革命運動を支援したソビエト連邦にも（もちろんいまだ存在していないイスラエルにも）、どのような近代国家に対しても「国民」としての帰属感など抱いてはいなかった。

たしかに彼はアメリカ財界の大立者であったけれど、「よきアメリカ市民」だったとは言えない。なぜなら外交は政府の専管事項であるにもかかわらず、シフは彼の「同胞」のために、「個人的な軍事同盟」を日本と締結し、ほとんど「個人的な戦争」をロシアに対して仕掛けたからである。

私はこのようなタイプの日本人を想像することができない。

私ひとりにとどまらず、「国民国家と国民」という枠組みで思考している限り、私たちはこのようなタイプの人間がどうやって生み出されるのか、彼の脳裏に去来した「同胞」というのがいかなる概念であるかを理解することができない。

これが私の『私家版・ユダヤ文化論』の始点で読者に強調しておきたいことの一つである。

私たち日本人が日本の政治単位や経済圏や伝統文化に結びつけられているのとはまったく異質なものによってユダヤ人たちは統合されている。その「まったく異質なもの」は私たちの語彙には比喩的にさえ存在しない。私たちはこの無知の自覚から出発しなければならない。

私が知る限り、私たち日本人がユダヤ人について行ってきたすべての誤解は、ユダヤ人と日本人を同種の集団カテゴリーだと見なす安易な設定に根ざしている。私たちが集団に帰属感を覚えているのと同じような仕方で、ユダヤ人たちもそのエスニック・グループに帰属感を覚えているだろうという共感や感情移入の手法は、私たちの「奇習」を拡大適用することにしかならない。私たちには理解しがたい共同体意識や、私たちの知的習慣に含まれない思考法がこの世の中には存在する。そういうものは、私たちの手持ちの思考の文法で叙することはできない。

小論において、私がみなさんにご理解願いたいと思っているのは、「ユダヤ人」というのは日本語の既存の語彙には対応するものが存在しない概念であるということ、そして、この概念を理解するためには、私たち自身を骨がらみにしている民族誌的偏見を部分的に解除することが必要であるということ、この二点である。

この論考を読み終えたあとに、みなさんがその二点について同意下さってさえいれば（結局「ユダヤ」というのが、何のことか解らなかった、ということになったとしても）、この論考を書く目的の半ば以上は達成せられたことになる。

2　ユダヤ人は誰ではないのか？

誰でもいいから、かたわらの人に「ユダヤ人」という語から連想される名詞をランダムに挙げてもらう。たぶん次のようなリストが出来上がる。

旧約聖書、アウシュヴィッツ、イスラエル、パレスチナ難民、中東戦争、ネオコン、ドレフュス事件、カバラー、タルムード、『シオン賢者の議定書《プロトコル》』、『アンネの日記』、『シンドラーのリスト』、『戦場のピアニスト』、スピノザ、カール・マルクス、グルーチョ・マルクス、フロイト、エマニュエル・レヴィナス、クロード・レヴィ゠ストロース、ジャック・デリダ、アルバート・アインシュタイン、チャーリー・チャップリン、ウディ・アレン、ポール・ニューマン、グスタフ・マーラー、ウラジミール・アシュケナージ、リチャード・ドレイファス、スティーヴン・スピルバーグ、ロマン・ポランスキー……。

ユダヤ人という語から私たちが連想するものはまことに多岐にわたっている。ユダヤ人は旧約聖書の時代の中東に居住した一民族集団を指すにとどまらず、現代の政治、経済、メディア、学術などさまざまな水準、さまざまな領域で固有の含意を持ち続けている。

「含意（コノタシオン）」(connotation) という記号学の用語がある。これは、語の「辞書的語義（デノタシオン）」(dénotation) とは別に、人々が暗黙のうちに了解している「裏の意味」を指している。例えば、「九州男児」という語は辞書的語義に限定すれば「九州生まれの男性」という以上の意味を持たないが、私たちが実際にその語を使うときには、「質実剛健で、胆力があって、酒飲みで、我が強くて、男尊女卑思想の持ち主で……」といった一連の人物像を想起している。「大阪で生まれた女やさかい……」とか「こちとら江戸っ子でぃ」というような場合も、それらの語は単に生地を示すにとどまらず、人格特性や価値観や身体運用や性的嗜癖などにおいて定型的な人物像を私たちに想起させる。けれども「ユダヤ人」の含意の奥行きと深さは「九州男児」や「江戸っ子」の比ではない。

フランス語に Juif est Juif. という表現がある。「まったくシャルルというのは勘定高いやつだね」、「ユダヤ人は『ユダヤ人』だよ」というふうに使われる。

「ユダヤ人は『ユダヤ人』である」というこの同語反復文はコノタシオンとデノタシオンの違いを端的に示している。主語のユダヤ人は中立的、指示的な辞書的意味（のはず）である。しかし、属詞のユダヤ人にはすでに「異教徒、神殺し、守銭奴、ブルジョワ、権力者、売国奴……」といった敵対的、侮蔑的な含意がこめられている。
「ユダヤ人」ということばについて私たちがまず踏まえておくべきことは、それを中立的・指示的な意味で用いることがほとんど不可能だということである。私たちは「ユダヤ人」という社会集団名称を辞書的意味に限定して用いることができない。私たちはつねに何らかの価値判断込みでしかこの語を用いることができない。私たちはユダヤ人を擁護するか、断罪するか。ユダヤ人の存続を支持するか、その消滅を要求するか、どちらかの立ち位置を決めた後になってからしかユダヤ人について語ることができない。私たちが「ユダヤ人は」という主語を文頭に置いて語り始めたとき、語っている私も、それを聞いている人も「ユダヤ人とは何ものであるか」を既に知っており、それについての価値判断を済ませているということが暗黙のうちに了解されているのである。

これがユダヤ人を語るときのたいへんに面倒な決まりごとである。

もしかするとどこかに「いや、私はユダヤ人について、いかなる偏見も先入観も抜きで語ることができる」と主張する人がいるかも知れない。だが、私はそのような主張を信じない。というのは、そんな場合でも、その人は「ユダヤ人」という語が伴う偏見や先入観から自由であることを証明するために、自分がどのようにしてユダヤ人をめぐる無数の民族誌的偏見から「解放」されたのか、その歴程についての説明責任からは逃れることができないからである。

そして、その場合、彼にまず求められるのは、（彼がそこから「解放」されたと称する）「民族誌的偏見」を細大漏らさず列挙することなのである。「ユダヤ人についてのあらゆる偏見や先入観から自由な人間」というものがもしいるとすると、それは「ユダヤ人についてのあらゆる偏見や先入観についての網羅的なリスト」を完成したことのある人間でなければならない（その条件を満たすものは最悪の反ユダヤ主義者たちの中から探し出す他ないだろう）。

ユダヤ人という語は、ユダヤ人に対する価値判断を下した後でしか指示的に用いることができない。だから、この語を中立的・指示的に使用するということは原理的には不可能なのである。

たいへんに面倒な話なので、ここまで読んだところで「そんなややこしい話なら、もう結構です」と言われそうだが、ちょっと待って頂きたい。よく考えてみれば、この程度の面倒さはユダヤ人に限らず、あらゆる「……人」についてあてはまることなのだ。私たちがそれを忘れているだけのことだ。例えば、「日本人」という民族名称だって一義的に定義することは困難である。アイヌ民族や琉球諸島の人々は「日本人」だろうか？　帰化した外国人は日本人だろうか？　アメリカに移民して市民権を取った日本人は日本人だろうか？　縄文時代に列島に住んでいた人は日本人だろうか？

「日本政府の支配が及ばない日本人」や「外国から日本に帰化した日本人」や「日本国籍を失

った日本人」や「日本ができる前の日本人」をもし「日本人」に含めてよいのだということになると、「日本人」という語は定義不能になる。

　だからといって、「『日本人』というのは一義的な概念規定がなされていない無意味な語だから、今日から使うのを止めましょう」と言うわけにもゆかない。「日本人」ということばを使わないと、「『日本人』という概念はどういう場合には使用可能だが、どういう場合には不適切か？」という議論さえ始めることができないからだ。

「その語の一義的な定義ができない」ということと、「その語が使える」ということは水準の違う話である。

　同じことは「神」という概念についても言える。「神」というのは定義上人知を超えたものである。「神」を「神」と名づけた私たちの知力そのものが（その不調や欠損こみで）「神」によって賦与されたものである以上、人間が「神」について過不足なく語るということはありえない。それなら「神」というような定義不能の語は使うなと言われたら、私たちは窮してしまう。そう批判する当のご本人が口にしている「神は『神』という語をもってしては記述不能である」という命題自体「神」という語をすでに用いて立てられているのだし。

　ある語の辞書的語義を調べると意味のわからない語が出てくる。その意味のわからない語の語義を調べると最初に調べた語が出てくる。私たちはそんなエンドレスの循環参照の檻の中に閉じこめられている。客観的に基礎づけされない概念を使うのは気分が悪いという人もいるだろうが、人間のことばというのは本質的にそういうものなのだから、諦めてもらうしかない。

話を戻そう。ユダヤ人というのは中立的・指示的な名称ではない。だから当然にも一義的な定義が存在しない。「ユダヤ人は……」という文章を書いてしまった人は、そのときにすでにその人の主観的な「ユダヤ人論」を語っているのである。私がこの論考に「私家版」という限定を付したのはだからその意味では屋上屋を重ねる類の冗語表現に他ならない。

けれども、自分が用いている「ユダヤ人」の定義があくまで私的・暫定的なものに過ぎず、汎用性を要求できないという節度をふまえている限り、その定義は限定された範囲でなら用いることが許される。私はそういうふうに考えている。

では、私自身の暫定的なユダヤ人定義からこの論考を始めることにしよう。

語義を定義することがむずかしい語の意味の境界線を確定するために一つだけ有効な方法がある。

それは「ユダヤ人は何ではないのか」という消去法である。これが私が読者の間に立てることのできる、さしあたり唯一の「共通の基盤」である。

第一に、ユダヤ人というのは国民名ではない。ユダヤ人は単一の国民国家の構成員のことではないからだ。

ユダヤ人は世界中に散らばっていて、イスラエルから日本まで世界各地に棲みついている。もちろん場所によって、国籍も、ライフスタイルも、用いている言語も違う。ネゲブ砂漠で農業をしている人も、ニューヨークで銀行業を営んでいる人も、パリで音楽家をしている人も、ウズベキスタンで羊飼いをしている人も……その他いろいろなユダヤ人が世界各地にいて、いろいろな国籍を持ち、いろいろな言語を語っている。

「ユダヤ人の国」であるはずのイスラエルにおいても、セファルディーム系は「ラディノ」、アシュケナジーム系は「イディッシュ」（それぞれスペイン語、ドイツ語との混淆語）という違う言語をいまだに維持している（それにイスラエル国民の二〇パーセントはイスラム教徒であるからイスラエルは厳密な意味では「ユダヤ人の国」ではない）。

敬虔なユダヤ教の家では子どもにヘブライ語を習わせることがあるが、宗教的な儀礼に用いられる聖書ヘブライ語は、現在イスラエルで用いられている現代ヘブライ語とは別の言語である[2]。

第二に、ユダヤ人は人種ではない。

よく「ユダヤ人の鉤鼻」という言い方をすることがある。黒髪とか浅黒い肌とかいうこともあるし、あるいはもっと専門的に頭蓋骨の直径がアーリア人種とは違うという主張をした人類学者も十九世紀にはいた。[3] 今でも、ユダヤ人を揶揄したり攻撃したりすることを目的としたプロパガンダには典型的なユダヤ人の戯画が繰り返し描かれる。

欧米に広く流布しているユダヤ人図像には二種類がある。一つは浅黒い肌に巻き毛の黒髪、鉤鼻ででっぷり太った欲深そうな中年男性の像。もう一つは痩せて鉤鼻で残忍そうな老人の像である。なぜ「欲深そうな中年男」と「残忍な老人」が定型的画像として選択されたのか、これについては歴史的な事情があるが、それはまたのちに触れる機会があるだろう。

一方、ユダヤの女性はたいへんに美女が多いとされている。これも中世以来のユダヤ人にまつわる神話の一つである（そのエロティックな魅力によってキリスト教徒の男性を堕落させる……というふうに話は続く）。

例えば、ウォルター・スコットの『アイヴァンホー』（一八一九年）にはレベッカという名のユダヤの美女が出てくる。彼女の武術試合場への登場の場面の描写は次のようなものである。

「ジョンは女の品さだめにはなかなか鋭い目をもっていた。その王弟の目にも、レベッカの姿はイングランドで一番といわれるほどの気ぐらいの高い美女たちとくらべて見劣りしないと思われた。姿はみごとにつりあいがとれていた、そしてユダヤの女の風俗どおりに着こなしていた東洋風の着物のためにいっそうひきたって見えた。黄色の絹のターバンは黒ずんだ肌によく似あっていた。目の輝かしさ、すばらしい眉毛の形、格好よく高くまがった鼻、真珠のように白い歯なみ、ふさふさとした漆黒の髪……」[4]

スコットはどうやら「東洋系美女」と「ユダヤ系美女」のイメージを混同しているらしく思われるが、人種にかかわる問題において優先するのは事実ではなくて幻想の方だからこれはこれで重要な文献資料なのである（スコットのこの描写は、後にエドワード・サイードが「オリエンタリズム」と名づけることになる「エキゾチックなもの」についての幻想的な表象の好個の適例である）。

ユダヤ人を他の民族集団と差異化できる有意な生物学的特徴は存在しない。ガリラヤのユダヤ教共同体の内部に育ち、アラム語で布教活動を行い、のちにゴルゴタの丘で刑死した青年の場合を考えてみれば分る。この「ラビ」とその使徒たちが、彼の同時代、同地域、同宗派内での論争相手であったサドカイ派やパリサイ派の人々とは「人種が違う」と主張する人は反ユダヤ主義者の中にさえいないだろう。しかし、この「ラビ」が発したと福音書が伝えた「ユダヤ人に対する呪い」はその後二千年にわたって「人種差別」の論拠を提供してきた。人間の世界では、たいていの場合、制度的に構築された差異が生物学的な差異を記号的に有徴なものたらしめるのであって、その逆ではない。

だから、ユダヤ人の中でも、制度的に構築された差異が有意であれば、それを「人種的差異」とみなすということが起こる。一般には、イベリア半島・北アフリカ系のユダヤ人を「セファルディーム」[5]、フランス、ドイツ、東欧系のユダヤ人を「アシュケナジーム」[6]とする区別が十二世紀頃以後なされているが、この区別は宗教儀礼と言語の違いに基づくものであって、人種的差異を意味しない。それでも、今では（ユダヤ人を含む）多くの人が、この二つの集団を隔てているのはある種の身体的特徴の違いだと考えている。

ユダヤ人を人種概念として一義化しようとする組織的な試みが二十世紀に行われた。ナチス・ドイツのニュルンベルク法がそれである。これは一二一五年の第四回ラテラノ公会議でイノケンティウス三世が定めたユダヤ人規定（「その血のうち八分の一にユダヤ教徒を含むものをユダヤ人とする」）を甦らせたものである。

ニュルンベルク法は「非アーリア人」を三種のカテゴリーに分けた。当人の信教にかかわらず、「祖父母の代に三人以上ユダヤ教徒を含む者」が「ユダヤ人」、「祖父母の二人がユダヤ教徒」が「第一種混血者」、「祖父母のうちの一人がユダヤ教徒」が「第二種混血者」とされた。この結果、一九三九年の国勢調査で、ドイツには信教に基づく「ユダヤ教徒」二十二万人と、法律が定めた「人種的ユダヤ人」二万人が併存することになった。

だが、この法制もユダヤ人に一義的な定義を与えることには成功しなかった。というのは、法律上の「ユダヤ人」と宗教上の「ユダヤ教徒」がここでは別カテゴリーとして扱われているからである。その結果、自分自身は「キリスト教徒のドイツ人」としての強固な民族的アイデンティティを持っていながら、ユダヤ人に区分されて差別の対象となった人々がこのとき万単位で出現することになった。ニュルンベルク法に基づいて収容所に移送され殺された「人種的ユダヤ人」の中には、敬虔なキリスト教徒も、第一次世界大戦の英雄も、三一年にヒトラーを歓呼で迎えた人々も含まれていた。この奇妙な法律によって、人種としてのユダヤ人概念は少しも一義化することなく、むしろますます混迷の度を加えていったのである。

ユダヤ人が何でないかについての消去法をさらに続ける。

第三に、ユダヤ人はユダヤ教徒のことではない。

近代市民革命による「ユダヤ人解放」以後、かなりの数のユダヤ人がキリスト教に改宗した。そのために西欧のユダヤ人社会はほとんど消滅の危機に瀕した。しかし、ユダヤ人はいかなる宗教を信じていようと、あるいは信じていまいと、ユダヤ人であることを止めることができないということをニュルンベルク法と「ホロコースト」は教えた。

ユダヤ人と「ユダヤ教徒」が同義語であったのは、近代以前までのことである。近代以前についてであれば、ユダヤ人とは「ユダヤ教徒」のことであるという定義で間違いなかった（キリスト教に表面的に改宗した後も、ユダヤ教信仰を捨てなかった「新キリスト教徒」という例もあるが）。

紀元七〇年にティトゥス率いるローマ軍によってエルサレムの第二神殿が破壊され、これによってユダヤ人の国が消滅する。国を失ったユダヤ教徒たちは世界各地に離散したが、どの国にあっても孤立した集団を形成しており、その地域でのマジョリティの宗教から程度の差はあれ差別待遇を受けて暮らしていた。それでも、ほとんどのユダヤ教徒は、服装についても、食事についても、婚姻や訴訟についても、父祖伝来の宗教儀礼を忠実に守っていた。そのためキリスト教国において、ユダヤ教徒たちは、長期にわたって組織的な迫害の対象となったのである。

参考のために、代表的な歴史的事実だけ列挙しておこう。

十字軍のときのマインツでの虐殺（一〇九六年）、リチャード獅子心王不在時の英国での虐殺、ペスト流行時の虐殺（ユダヤ教徒が井戸に毒を投じたという流言から）、バチカンが公布した「黄色い布」着用の命令（一二一五年）、エドワード一世による英国からの追放令と資産の没収（一二九〇年）、パリでのタルムードの焚書命令（一二四二年）、セビリアとコルドバにおける虐殺（一三九一年）、フランスからの追放令（一三九四年）、イベリア半島からのユダヤ人追放令（一四九二年）、コサックによるポーランド・ユダヤ人の虐殺（一六四八-四九年）……と中世から近世にかけてのユダヤ人の歴史はほぼ全編が迫害の事蹟によって覆われている。

歴史的文脈はそれぞれ異なるが、共通するのは、キリスト教への改宗の要求をユダヤ人たちが拒絶するたびに暴力がふるわれたということである。それは逆から言えば、ローマ教会や諸国のキリスト教君主たちがどれほど強制改宗を試みても、ユダヤ教徒を改宗させることはたいへんに困難であったということを意味している。ユダヤ教徒の「かたくなさ」を語る印象的な事例を一つ挙げておこう。

歴史上最も大規模な迫害の一つであるイベリア半島からのユダヤ教徒追放令（一四九二年）は、三ヶ月以内にキリスト教に改宗しないユダヤ教徒はスペイン領土にとどまってはならず、違反するものは死刑にすると定めた。フェルナンド五世とイサベル一世の「カトリック両王」が狙っていたのはスペイン全土のキリスト教化であり、政府に重用されているユダヤ教徒の官僚や豪商たち（例えば、両王に莫大な貸し付けを行っていた側近のラビ・イツハク・アバルバネルなど）は追放令の圧力に屈して、改宗してスペイン領にとどまり既得権を維持するだろうと予測されていた。しかし、実際には領内のほとんどのユダヤ教徒は信仰を守るために全財産を棄てて、異郷に旅立ったのである。

キリスト教徒にとって、ユダヤ教徒がキリスト教国の中に存在し、それなりの社会的活動を果たしているということは社会のキリスト教化が未だ成就していないことを意味していた。しかし、さまざまな弾圧や恫喝にもかかわらず、ユダヤ教徒をキリスト教徒に改宗させることはたいへんに困難な事業であった。

おそらくこの強制改宗の組織的な失敗が、キリスト教国内にユダヤ教徒が存在するという事実はヨーロッパのキリスト教化と背馳《はいち》しないという「一回ひねり」のロジックの発明を要請することになった。つまり、彼らが改宗を拒み、それゆえに差別的な待遇を受けて苦しんでいるという事実そのものが「まむしの末裔たち」に神の呪いが下っていることの動かぬ証拠であり、キリストの教えの真理性を証明しているという説明がなされたのである。

　これはミシェル・フーコーが『狂気の歴史』で狂人の社会的機能について示した知見に通じている。狂人たちが「中世の人間的な景色のなかに親しみぶかい姿で現われたのは[7]」彼らが「神の呪い」の生ける証拠だったからである。狂人も障害者も貧者も、正しい信仰を持たなかった者たちへの神の罰の可視的表現とされる限り、キリスト教世界では、逆説的な仕方で「神聖なもの」とされた。それと同じロジックで、キリスト教国内のユダヤ教徒の存在も「正当化」されることになる。

　中世の絵画では、ユダヤ人の生物学的特徴として「鉤鼻」や「水かきのある足」や「角」が繰り返し描かれた。これは誰もが知っている悪魔の図像学的徴候である。ペスト菌の散布や井戸への投毒や幼児誘拐などのユダヤ人の罪に帰された幻想的犯罪もまさしく「悪鬼のごとき」ふるまいである。ユダヤ人はシステマティックに神に背くものと見なされた。「システマティックに神に背く」というようなことは、神のルールを熟知しているものにしかできない。つまり、「悪魔の眷属《けんぞく》」であるユダヤ人は、神の統《す》べる世界の「負の市民」として市民権を付与されたのである。

近代以前のヨーロッパにおいて、ユダヤ教徒が有徴的な小集団として存在し続けたのは、ユダヤ教徒自身のかたくなな信仰と、彼らを改宗させることに失敗し続けたキリスト教徒たちのいわば「協働」の成果だったのである。

ユダヤ教徒の「解放」は、狂人がその聖性を失う歴史的趨勢とほぼシンクロしている。近代に至って（狂人たちが「大幽閉」によって収監され、日常の風景から消えていったように）、ユダヤ教徒たちに与えられた固有の霊的使命も失われた。彼らは「悪魔の眷属」でなく、社会システムや治安や公衆衛生の準位における「トラブル」として処理されることになったからである。ユダヤ教徒が果たしていた、預言の真理性をネガティヴな仕方で告知する役割をヨーロッパ市民社会はとりあえず必要としなくなった。市民社会自体が、宗教的党派性を差異化の指標として用いる習慣を棄てたときに、ユダヤ教信仰はユダヤ人を差異化する指標としてはもう機能しなくなったのである。

アンリ・グレゴワール Henri Grégoire（一七五〇-一八三一）やクレルモン＝トネール Clermont-Tonnerre（一七五七-九二）らの啓蒙思想家たちは、「人権尊重」の大義を掲げてユダヤ人たちの解放を求めた。ただし、これを今日の「多文化共生論」と同日に談じることはできない。「解放者」たちが望んでいたのは、宗教的マイノリティをその固有のアイデンティティを維持したまま隣人として受け容れることではなく、ユダヤ人がその宗教を公的に放棄することだったからである。

「解放」（émancipation）は「同化」（assimilation）と一対のものとして提言された。「ユダヤ人の解放」は「ユダヤ人の消滅」（解放論者のことばを借りて言えば「ユダヤ人のユダヤ教からの解放」）を意味していたからである。

アンリ・グレゴワールはユダヤ人への市民権賦与を主張しながら、ユダヤ人「矯正」のためには、ユダヤ共同体の解体、キリスト教への改宗が必要であると考えていた。

「民族（nation）としてのユダヤ人にはすべてを拒絶しなければならない。彼らは国家内の政治的独立集団、自閉的集団を形成してはならない。彼らは個人として市民にならなければならない」というクレルモン＝トネール伯爵のことばには原理主義に固有の暴力性が感じられる。

啓蒙主義者たちの解放論は、ユダヤ教徒をキリスト教に強制改宗させることで彼らを「救済」しようとした中世の善意のキリスト教君主たちと本質的にはそれほど違っているわけではない。解放論は「理性の光」の中に不幸なユダヤ教徒を受け容れることをめざしていたが、そこにユダヤ教徒に対する敬意を見ることはむずかしい。どちらの場合も、ユダヤ人は普遍的なものに抵抗するローカルな蒙昧の体現者として憐れまれていたのである。

ユダヤ人たちを統合している何ものかがあり、それは近代市民社会の統治原則とは相容れないということを啓蒙思想家たちは正しく理解していた。もし啓蒙思想家たちが単に前近代的な宗教的因習を憐れみ、嫌悪しているだけであるなら、そして、どのような迷妄もいずれ「文明の光」に照らされておのずから開明されるべきものであるという歴史の進歩を信じていたとするならば、「民族としてのユダヤ人にはすべてを拒絶しなければならない（Il faut refuser tout aux Juifs comme nation）」というような攻撃的な措辞が採用されるはずはない。

このことばづかいは、「民族としてのユダヤ人」に対する「恐怖」や「畏怖」に近い感情をどこかに蔵している。「すべてを拒絶する」ことによって枯死させなければ、近代市民社会の統治原則を根本的なところで損なう可能性のあるものをこの社会集団が有しているという漠然とした気分がこの「解放のロジック」そのもののうちに漏出している。

ユダヤ人解放論の文言のうちには、「ユダヤ人を解放する」ための論理と同時に、久しくユダヤ人を差別迫害してきた当のヨーロッパ人たち自身の「ユダヤ人からの解放」への切望が無意識的に書き込まれているのである。

「ユダヤ人からの解放」という言い回しにはどこかで聞き覚えのある読者の方もおられるだろう。これは、ユダヤ人について書かれた文書の中で、おそらく現代までもっともよく読まれたものの一つであるカール・マルクスの『ユダヤ人問題のために』のキーワードである。

マルクスの理路の当否について、ここでは論じるだけの紙数がない。さしあたり、私たちが記憶にとどめておくべきことは一つだけでよい。それは啓蒙思想家と、それをさらに推し進めたマルクスのユダヤ人解放論のいずれもが「ユダヤ人（という被差別者）の解放」ではなく、むしろ「ユダヤ人（という悪夢）からの解放」という文型をもって語られたということである。「迫害」とか「解放」といった語を、軽々に用いることを私たちは自制しなければならない。というのは、私たちがある集団を迫害したり、そこからの解放を求めたりするのは、決して「迫害」とか「解放」とかいう語に期待されているほどには能動的、主体的なふるまいではないからだ。私たちが何かを迫害するのは、追い払っても、追い払っても、「それ」が私たちにつきまとうことを止めないからである。私たちが「それ」を閉じ込め、移動を許さず、活動を制約するのは、「それ」が視野にとどまる限り、私たちの存在根拠が絶えず脅かされているように感じられるからである。だから、「それ」をゲットーに「幽閉」しようとする政策と、「それ」からの「解放」を求める政策は、「それ」を厄介払いしたい（けれど、できない）という焦慮のあり方においては選ぶところがないのである。

私たちがここまでの記述でとりあえず足場として確保できたのは、ユダヤ人とは国民国家の構成員でも、人種でも、宗教共同体でもないという事実だけである。

そのようなたしかな実体的基礎を持たないにもかかわらず、ユダヤ人は二千年にわたって、それを排除しようとする強烈な淘汰圧にさらされながら、生き延びてきた。この事実から私たちが漠然と推理できる結論は、危ういものだけれど、一つしかない。

それは、ユダヤ人は「ユダヤ人を否定しようとするもの」に媒介されて存在し続けてきたということである。言い換えれば、私たちがユダヤ人と名づけるものは、「端的に私ならざるもの」に冠された名だということである。

私たちの語彙には、「それ」を名づけることばがなく、それゆえ私たちが「それ」について語ることばの一つ一つが私たちにとっての「他者」の輪郭をおぼつかない手つきで描き出すことになる。私たちはユダヤ人について語るときに必ずそれと知らずに自分自身を語ってしまうのである。

3　ユダヤ人は反ユダヤ主義者が〈創造〉したという定説について

十九世紀末のフランスに『ユダヤ的フランス』という反ユダヤ主義の書物を書いたエドゥアール・ドリュモン[8]という人物がいた。彼は、その本の中で、モンテーニュもナポレオンもアレクサンドル・デュマもガンベッタもみなユダヤ人であると厳しく告発した。ある人間をユダヤ人であると判定するためには、家系も信仰も関係ない、その思考法や価値観に「ユダヤ人であること」の刻印は歴然と現れるから断じて過《あやま》つことがないと彼は広言したのである。

ところが、そのうちに別の反ユダヤ主義者から「このドリュモンというのはユダヤ人ではないか」という嫌疑をかけられるという事件が起きた。ドリュモンはあわてて家系図を取り出してきて必死の弁明を試みた。だが、「家系図など信用できない」と当の本人が言い放った後だったので、どうして反証が可能だったのか、私にはわからない。私の持っている版の『ユダヤ的フランス』の序文では、ドリュモンは初版本でユダヤ人として非難した人々の何人かが「ユダヤ人ではなかったこと」を認めて、「誤爆」を謝罪している。ただし、どうやって彼らが

「ユダヤ人ではないこと」の挙証が可能であったのかについてはやはり何も書いていない。

要するにドリュモンは「誰がユダヤ人であるかは私が決める。私が決定しうることの根拠は、私がつねに正しい（間違っている場合も正しい）からである」と主張したわけである。驚くべきことに、このような没論理的な政治的主張に対してフランスの同時代人たちは圧倒的な共感と支持を寄せたのである。ドリュモンのこの本は（ルナンの『イエスの生涯』と並ぶ）十九世紀最大のベストセラーとなり、「近代反ユダヤ主義のバイブル」として「ホロコースト」の時代まで長く読み継がれた。

おまえはユダヤ人だ。なぜなら「おまえはユダヤ人だ」と私が宣言したからである。証明終わり。

これが証明になっていないことは小学生にでもわかる。しかし、この言明が現実的に有効に機能した以上、この言明には論理性とは違う種類の説得力があったことは認めなければならない。

ここには種類を異にする二つの言明が含まれている。一つは事実認知的な言明である。「事実認知的」（constative）というのは、指示的ということである。「ここに一冊の本がある」というのは事実認知的で、さしあたり主観的な価値判断をまぬかれた中立的言明である。それとは別に、「私はこの掟を守る」「私はお前に復讐する」というような発話者自身が主体的にその言明の実現を誓約する種類の言明がある。これらの言明は「遂行的」(performative) な言明と呼ばれる。

ユダヤ人がユダヤ人であるのは、彼を「ユダヤ人である」とみなす人がいるからであるという命題は、ユダヤ人とはどういうものであるかについて事実認知的な条件を列挙しているのではない。ユダヤ人はその存在を望む人によって遂行的に創造されるであろうと言っているのである。

『創世記』でアダムが「あらゆる野の獣と、あらゆる空の鳥」に名前をつける前には、鳥獣たちがどんなふうに見えていたのかを想像することはむずかしい。おそらくことばを覚えたての赤ん坊が四輪の動くものを見ると「ぶーぶー」と呼ぶのと同じように、アダムの目に世界の鳥獣たちは相互に分節しがたい不定形のかたまりのようなものとして見えていたのであろう。そのかたまりに切れ目を入れることで名辞と概念が同時に成立する。

それと同じように、「ユダヤ人」という概念はその人を指して「お前はユダヤ人だ」と名づける人と同時に出現した。「ユダヤ人」という概念で人間を分節する習慣のない世界にはユダヤ人は存在しない。ユダヤ人が存在するのは「ユダヤ人」という名詞が繰り返し同じ何かを指すと信じている人間がいる世界の中だけである。

私たちはユダヤ人の定義としてこの同語反復以外のものを有していない。

ユダヤ人は国民ではない。ユダヤ人は人種ではない。ユダヤ人はユダヤ教徒のことでもない。ユダヤ人を統合しているはずの「ユダヤ的本質」を実定的なことばで確定しようとしたすべての試みが放棄されたあと、ユダヤ人の定義はもうこれしか残されなかったのである。

これは同語反復である。しかし、私たちはこの同語反復以外にユダヤ人論の当面の出発点として採用できる定義を持っていないのである。

この不毛な言明から出発して、論理的思考で行けるところまで行った先駆者として私たちはジャン゠ポール・サルトル（Jean-Paul Sartre, 1905-80）の名を挙げることができる。サルトルは、ユダヤ人とは実定的な存在ではなく、反ユダヤ主義者が幻想的に表象したものであると主張してユダヤ人問題にけりをつけようとした（もちろん、けりはつかなかった。けりがついていれば、今頃私はこんな文章を書いていない）。

サルトルによれば、私たちが自然的な現実であると思い込んでいるものの多くは（人種も、民族性も、性差も）イデオロギー的に構築されたものである。

サルトルの思想的盟友であったシモーヌ・ド・ボーヴォワール[9]の「人は女に生まれるのではない、女になるのだ」（on ne naît pas femme, on le devient）という言葉は社会構築主義の本質を語った古典的名言であるが、それはそのまま「人はユダヤ人に生まれるのではない、ユダヤ人になるのだ」という言明に言い換えることができる。

現に、ボーヴォワールは「女性性」が存在しないことを証明するために、「ユダヤ人性」が存在しないことを論拠として挙げている。彼女は『第二の性』にこう書いた。

「ことが人種であろうと、カーストであろうと、階級であろうと、性差であろうと、それらが劣等的な条件に押しとどめられている限り、それを正当化するやり方は同一である。『永遠に女性的なるもの』、それは『黒人のソウル』や『ユダヤ人的性格』の同義語である」

生得的な性意識などというものは存在しない。同じように、ある人種やある民族に固有の心性などというものは存在しない。ボーヴォワールはそう主張した。この言明は広く人口に膾炙《かいしゃ》し、その後のフェミニズム運動の理論的礎石となったものである。だが、この命題が論理的には破綻していることは指摘しておかなければならない。

生得的な性意識は存在しないのかも知れない。ある人種やある民族に固有の心性も存在しないのかも知れない。けれども、そのそれぞれの「存在しない」仕方は同じではない。過去に「女性である」というだけの理由で社会成員の一部を虐殺した集団は存在しないからである（あるいは人類の黎明期にはそのような社会集団が存在したかもしれないが、その集団は一世代で消滅したために、人類史にいかなる痕跡をもとどめることができなかったのである）。女性という社会的存在者が構築される仕方と、黒人やユダヤ人が構築される仕方はまったく違う。まったく違う仕方で構築されている社会的存在者を「同一のやり方」で構築されたものだと主張することの非論理性にどうしてボーヴォワールが気づかなかったのか、私には理由がよくわからない。

サルトルはさすがに彼女ほど無防備ではないが、『ユダヤ人問題についての省察』の中でユダヤ人を規定する仕方は社会構築主義の典型である。

「では、何がユダヤ人共同体に、統一のようなものを与えているのだろうか？　この疑問に答えるためには、状況（situation）の観念に立ち戻らねばならない。イスラエルの息子たちを結びつけているのは、その過去でも、その宗教でも、その土地でもない。もし、彼らが共通の絆を持つとしたら、彼らすべてが『ユダヤ人』という名を持つに値するとしたら、それは彼らがユダヤ人としての状況を共有しているからである[11]」

ユダヤ人が共有している「状況」とは何か。それは見てきたように、過去二千年にわたって、キリスト教国においてある種の「霊的使命」を体現するものとして、差別され、迫害され、居住を制限され、職業を制限され、誰かを「スケープゴート」として捧げることで破綻しかけた社会的な秩序を回復しようという試みがなされるたびに優先的に供犠対象に選ばれてきたという事実のことである。

「だから、『ユダヤ人』を創造したのはキリスト教徒であると言って過言ではないのである。キリスト教徒がユダヤ人たちの同化を遮って、彼らにある種の機能を負わせ、その機能を彼らがみごとに果たしたというのがことの次第なのだから[12]」

キリスト教徒たちが問うべきなのは、「ユダヤ人とは誰か？」ではない。そうではなくて、キリスト教徒は自分に向かって、「私たちはユダヤ人に対して何をしたのか？」と問わなければならないのである。[13]

サルトルは歯切れよくこう語る。

「ユダヤ人とは他の人々が『ユダヤ人』だと思っている人間のことである。この単純な真理から出発しなければならない。その点で反ユダヤ主義者に反対して、『ユダヤ人を作り出したのは反ユダヤ主義者である』と主張する民主主義者の言い分は正しいのである」[14]

サルトルの理路は明快である。理路が明快であることは（それが仮に間違った主張である場合でも）よいことである。明快なおかげで、私たちは比較的簡単な検証手続きによって、ここには「たいへん適切な知見」と、「それほど適切ではない知見」がともに含まれていることを知ることができる。

サルトルは反ユダヤ的迫害には迫害する側の主観的な根拠があることをとりあえず認める。一つは宗教的理由、一つは経済的理由である。

宗教的理由とは、キリストの磔刑《たっけい》にユダヤ人がかかわっていたせいで「神殺し」とみなされたことである。

ただし、この「宗教的理由」を歴史的事実として受け容れることはできない。たしかに、最高法院のラビたちはイエスを召喚して事情聴取をし、イエスが「私は神の子である」と称したことを「神への冒瀆」とみなし、彼に死刑を宣告した。マタイとマルコの福音書にはそう書いてある（ただし、四つの福音書のうち、ルカには判決の記述がなく、ヨハネの福音書ではユダヤ人たちは「私たちは、だれを死刑にすることも許されてはいません」とピラトに告げたとしか記していない）。福音書の記述にはご覧のように、いくぶんか異同がある。だが、これを問題にする人はあまりいない。

歴史的事実として間違いのないことは、当時のパレスチナの統治者はローマ帝国の総督ピラトであり、磔刑はローマの風習であったということである。ユダヤ人の関与については記述がまちまちな福音書も、イエスを殺害したのがローマの兵士であるという点では一致している。

しかし、今日、イタリア人に向かって、「あなたたちの祖先がイエスを磔刑に処したのですね」と言う人はあまり（ほとんど）いない。言えば必ず相手を激昂《げっこう》させることがわかっているからである。言えば必ず相手が激昂するようなことは周知の歴史的事実であっても私たちは告げないようにする。

イタリア人にはそのような気遣いを示す一方で、「ユダヤ人がキリストを殺した」と、歴史的事実としてこれを公言してはばからない人が少なからず存在する。この人たちがどういう基準で「気遣いを示す相手」と「気遣いを示さない相手」を区別しているのか、私にはわからない。

もう一つ、ユダヤ人迫害の理由としてしばしば挙げられる「経済的理由」なるものも、説得力がないことにおいては「神殺し」に変わらない。

ユダヤ人はたしかに中世から近代にかけて高利貸しという「呪われた職業」に従事してきた（キリスト教徒は利息をつけて金を貸してはならないという宗教的制約が課せられていたからである）。[15] それがどれくらい忌まわしい職業であったかは、『ヴェニスの商人』を読むとある程度想像ができる。ユダヤ人シャイロックがキリスト教徒の同業者たちから、どんなふうに遇されていたのか、シェイクスピアはこう語らせている。

「アントーニオの旦那、旦那は取引所《リアルトー》で、ずいぶんこの俺《わし》を罵詈讒謗《ばりざんぼう》なすったことがある、俺の貸金のこと、また利息のことでな。だが、俺はいつも肩をすぼめて、じっと我慢してきた。なにしろ辛抱ってのは、俺たち同族の帽章《しるし》みたいなものだからね。旦那は俺を罰当りだとおっしゃった、人殺しだともおっしゃった、そして俺たちのこの上衣《カバディーン》に唾液《つばき》まで吐っかけなすった、（……）それが、なんと、今日はその俺に助けてもらいたいそうな。やれやれ、俺んとこへ見えて、こうおっしゃる、『シャイロック、金が要用《いりよう》だ』とね、そうでござんしょう。現在俺の髯に痰唾《たんつば》まで吐っかけなすったばかりか、まるで玄関口から野良犬でも蹴っ飛ばすみたいに、この俺を足蹴になすった旦那がですぜ。用向は金だ」[16]

こう言われても、アントーニオは平然として、「僕はね、これからだって君を犬呼わりもすれば、唾ァ吐っかけもする、いや、蹴飛しだってするだろうよ。この金、貸してくれるというなら、友達に貸すとは思うな」[17]と罵倒を続ける。

これは別にアントーニオの差別的で醜悪な人間性を強調するための台詞ではない。アントーニオは清廉潔白の高潔なる人士であり、非は生まれつき足蹴にされるような人間であるシャイロックの側にある。訳者の中野好夫はシャイロック像についてこう書いている。

「シェイクスピアが最初に構想したシャイロックが、決してどんな意味でも看客の同感を要求するような悲劇的人物でなかったことは確実である。ユダヤ教信者であり、同時に大多数が金利業者であったユダヤ人に対する当時の一般民衆の憎悪は、今日わたしたちが想像する以上に熾烈なものであった。結局シェイクスピアはこうした民衆心理に迎合して、彼らユダヤ人の典型的人物たるシャイロックの残忍さを極度に誇張し、これに対してキリスト教徒が自負する慈悲を対立せしめ、最後に這々の体で退場する彼の後姿に向って、卑俗な看客の優越感の満足を狙ったものであることは、近ごろ流行する一部際物的軍事劇作者の心理と決して相距ること遠いものではない[18]」

ユダヤ人は前段の通りの宗教的理由から、キリスト教世界では「賤民」として扱われ、土地の所有や農業への従事が禁じられていた。彼らには高利貸しや行商や芸能など、キリスト教徒からすると非生産的な職業だけしか許されていなかった。従事できるのを非生産的な職業に限定しておいて、その上で、ユダヤ人は非生産的な職業にしか従事しないと非難するというのはまことに理不尽な話である。

以上二点については、サルトルの言うとおり、「ユダヤ人を創造したのは、キリスト教徒であると言っても決して言い過ぎではない」。しかし、だからといって、サルトルとともに、「ユダヤ的本性」とみなされているもののすべては歴史的状況によって創造されたものであると言い切ることにも、私は逡巡を覚えるのである。

サルトルの言うとおり、ユダヤ人概念のいくぶんかは反ユダヤ主義者たちの創造した幻想的表象である。しかし、ユダヤ人概念が幻想であることは現実にユダヤ人が存在することを少しも妨げない。現に、私たちは国家が幻想であることも、貨幣が幻想であることも、性差が幻想であることも知っている。にもかかわらず依然として国家は存在し、貨幣は流通し、性差は欲望を喚起することを止めない。こういう論件については「……は幻想である」というだけでは話は終わらない。ならば、幻想であることがわかっていながら、なおそれが機能することを止めないのはなぜか、という一つ次数の高い問いにシフトするしかない。

ユダヤ人は存在しない。それは幻想である。そういうことにしよう。

だが、インターネットで検索すれば、私たちは「世界各国の国別ユダヤ人人口」の統計を見ることができる。ユダヤ人の定義が同語反復であるにもかかわらず、ユダヤ人は歴史的・場所的実体として、たしかにいま私たちの世界に存在しているのである。

二〇〇二年の統計によれば、世界のユダヤ人総人口は、約一千三百三十万人。そのうち約六百万人が北米に住み、五百万人がイスラエル、百万人がEUに、旧ソ連に四十万が集住している他、南米、アフリカ、アジアに散在している。

日本にはどれくらいのユダヤ人がいるのか。私が渋谷のJCC（Jewish Community Center）に通っていたのはもう十五年以上も前のことになるが、その当時のラビであったマイケル・シュドリックによれば、東京にいるユダヤ人は三百家族、一千人で、そのほとんどがアメリカ合衆国市民だということだった（ラビ自身も）。ただし、これは定期的にシナゴーグに通ってくるユダヤ人の数であり、在日ユダヤ人社会と関係を持たない駐留米軍兵士や短期滞在のビジネスマンや旅行者はここにカウントされていない。おそらく「在日ユダヤ人」は多めに見積もって数千人というところだろう。

だが、こんなふうに話を進めてゆくことに異議を申し立てる方がいるかも知れない。「ユダヤ人とは誰のことか？」という問いに一義的な解答がなされないままに「在日ユダヤ人の人口」について語ることがどうしてできるのか。話の立て方そのものがナンセンスではないかと。

まことにおっしゃる通りである。定義が確定できない概念を使って議論をするというのは学術的にあってはならないことである。しかし、そう堅いことを言われると、この話は先に進まない。どうして話を進めなければならないのか、どうやれば話を先に進めることができるのか、それについて私の考えを少し述べさせていただきたい。

「ユダヤ人とは『ユダヤ人』という呼称で呼ばれる人間のことである」という命題はサルトルが言うほどに「単純な真理」ではない。性差の問題に置き換えて考えてみると、問題の付置が少しわかりやすくなるかも知れない。

ジェンダー論では、生物学的性差（セックス）と文化的・歴史的性差（ジェンダー）は使い分けて用いられる。ただし、近年のジェンダー論によれば、生物学的性差は自然的事象でも科学的事実でもない。自然界に存在するのは、性ホルモンの分泌量の差異というアナログ的連続だけであり、デジタルなセックス・ボーダーは存在しない。あたかも自然的性差なるものが存在するかのように私たちに信じさせているのは、男性に社会的リソース（権力、財貨、情報、教養など）を独占させることを目的とする父権制イデオロギーなのである。マルクス主義的フェミニズムの立場からクリスティーヌ・デルフィはそう断言した。

「手短かに要約するならば、私たちは、ジェンダー——女性と男性の相対的な社会的位置——がセックスという（明らかに）自然的なカテゴリーにもとづいて構築されているのではなく、むしろ、ジェンダーが存在するがために、セックスが関連的事象になり、したがって、知覚対象のカテゴリーになったのだと考える。（……）ジェンダーが解剖学的セックスを作りだしたのである。社会慣行が、しかも社会慣行のみが、一つの自然的事象（あらゆる自然的事象と同じく、それ自体には意味がない）を思考カテゴリーに変化させるのだ」[19]

デルフィの文章の中の「ジェンダー」を「反ユダヤ主義」に、「セックス」をユダヤ人に置き換えると、社会制度と自然的事象（と信じられているもの）の倒錯についての構築主義的主張はそのままサルトルのユダヤ人論として読むことができることがわかる。

「女性」とは「女性」と呼ばれる人間のことであって、それ以外のなにものでもない。そして、「女性」というカテゴリーを構築したのは、それによって社会的リソースを独占しようとする「男性」たちなのである……という命題は、だいぶ前から「政治的に正しい命題」の常套句に登録された。今では、大学のジェンダー論の授業で教科書的に教えられてもいる。

だが、私はこのような構築主義的言明を目にする度に、小さな疑問符が頭上に浮かぶのを禁じ得ない。わからないことが一つある。それは、父権制的な社会慣行が「男性／女性」というジェンダーを作りだしたというのがほんとうだとしても、「性化された社会の起源において父権制的な社会慣行を作りだしたのは性的に誰なのか？」という問いに実は誰も答えていないからである。

男性に社会的リソースを集中させるための抑圧的構築物である父権制社会が成立するためには、それに先立って性差がすでに有意なものとして意識されていなければならない。男女の性差がすでに存在している社会でしか、一方の性集団に選択的に利益をもたらすような社会システムは構想され得ないからである。だが、デルフィによれば、性差は父権制社会が生み出した幻想に他ならない。

ここで私は当惑してしまう。性差は社会の性化の原因なのか、それとも結果なのか？　残念ながら、この問いに私にも分かるような仕方で答えてくれた人はまだひとりもいない。

もちろん私はそのような情けない理由でデルフィを批判できたなどと思ってはいない。私たちの考えていることは、結局みんな似たり寄ったりだからである。

私たちがその中に産み落とされた社会制度は、貨幣も言語も親族も労働も、どうして「そういうもの」がそういう仕方で存在するのか、その起源を私たちは知らない。例えば、貨幣というのは私たちの経済活動の根幹にある装置であるが、貨幣の要件は「すでに貨幣として流通している」ということ以外にない。分割可能で均質的で耐久性があれば、貴金属でも紙切れでも電磁パルスでも、どんなものでも貨幣になりうる。「貨幣が貨幣であるのは、それが貨幣であるからなのである[20]」。

同じように、私たちは性について考えるときに、すでに性化された存在としてしか考えることができない。性差が幻想であることを私は喜んで認める。けれどもその幻想の中に私たちは産み落とされており、どのような命がけの宙返りを演じてみても「性化されていない人間」というものを想像することができないということは改めて告げなければならない。

私たちはユダヤ人の話をしているのである。

ユダヤ人とは人々が「ユダヤ人だ」と思っている人間のことである。これは正しい。ただし、これはサルトルが言うように、「そこから出発すべき単純な真理」であるのではなく、むしろ、どこまで遡っても、そこから出発することのできない同語反復の始点＝終点なのである。

私たちは、ユダヤ人と非ユダヤ人を対概念として社会を区分する習慣を持った文明の中に生きている。つまりユダヤ人というのは、すでに私たちがそれなしには世界を分節できないような種類のカテゴリーなのである。ヨーロッパ世界は歴史のある段階で「ユダヤ人」という概念を手に入れ、その記号によってはじめて分節できたところの前代未聞の意味に出会った。以後ヨーロッパの人々はさまざまな類カテゴリーを渉猟してきたが、ついに「ユダヤ人」に代わる記号を見つけ出すことができなかった。私はそういうふうに考えている。

使える言葉がそれしかないので、（うまく定義できない言葉であることを分っていながら）仕方なくそれを使うしかない言葉というものが存在する。「男と女」がそうであるし、「昼と夜」もそうだ。私たちはその語を毎日のように使っているが、改めて、「昼」そのもの、「夜」そのものを、厳密に定義せよと言われても、そんなことは誰にもできない。私たちは、「昼」を「夜ではないもの」として、「夜」を「昼ではないもの」として差異化する因習のうちに脱け出しがたく嵌入《かんにゅう》しているからである。一度、「昼／夜」という二項対立で世界を分節した言語集団の人々は、それ以後はもう決して、「夜抜きの昼」とか「昼抜きの夜」を概念として取り出すことができない。「男性／女性」についても事情は同じである。私たちは「男性／女性」という言葉を日常的に使っている。けれども、男性は女性との差異によって、女性は男性との差異によってのみ概念化されており、「男抜きの女」や「女抜きの男」を実体として語ることは誰にもできない。

ジャック・ラカンはこの点について卓見を語っている。

「男とか女とかいうシニフィアンは、受動的態度と能動的態度とか、攻撃的態度と協調的態度といったこととは異なるものです。つまりそのような行動とは別の次元のことです。そのような行動の背後に間違いなく或るシニフィアンが隠れているのです。このシニフィアンは、どこにも決して完全には具体化されませんが、『男』、『女』という語の存在の下で最も完全に近い形で具現化されるのです」[21]

ラカンはここで「命名されることで事象は出来する」という構築主義的命題を棒読みしているのではない。すべての言葉は、「隠されたシニフィアン」の言い換えだと言っているのである。間違えずに読んで欲しいのは「隠されている」のは「シニフィエ（signifié）＝意味されるもの」ではなく、「シニフィアン（signifiant）＝意味するもの」だということである。どこかにそれを発見すればすべてのシニフィアンの意味がわかる「究極のシニフィエ」があるわけではない。私たちが記号の起源を遡及して最後にたどりつくのは、「もうそこにはないものの代理表象」だということである。

記号は何かを指し示す。記号は何かの代理表象である。代理表象であるということは、そのもの自体ではないということである。しかし、記号はそのここにない何かの代理表象であることによって、「ここにいない何かがある」という事況を指し示すことができる。それは「代理人」が出頭したとき、まさに「代理人」が「本人」ではないがゆえに、ここにはいない「本人」がどこかにいるという信憑が基礎づけられるのと同じである。

デルフィとラカンの違いは（そんなものを比べても仕方がないが）、デルフィは「シニフィアンはただのイデオロギー的仮象である」と宣言すれば自分の仕事は終わると考えているが、ラカンはただの仮象に深く繋縛《けいばく》される仕方のうちにむしろ人間性を基礎づけるものを見出そうとしている点にある。

ラカンはこう続けている。

「昼と夜、男と女、平和と戦争、こういう対立は他にも幾つでもあげることができます。これらの対立は現実的な世界から導き出されるものではありません。それは現実の世界に骨組みと軸と構造を与え、現実の世界を組織化し、人間にとって現実を存在させ、その中に人間が自らを再び見出すようにする、そういう対立です[22]」

「昼と夜、男と女、平和と戦争」という対語から始まる長いリストの続きのどこかに「ユダヤ人と非ユダヤ人」という対語を書き加えたいと私は思う。ラカンの言うとおり、「ユダヤ人と非ユダヤ人」という対立は現実的な世界から導き出されたものではない。そうではなくて、「ユダヤ人と非ユダヤ人」という対立の方が「現実の世界に骨組みと軸と構造を与え、現実の世界を組織化し、人間にとって現実を存在させ」たのである。

　この二項対立のスキームを構想したことによって、ヨーロッパはそれまで言うことのできなかった何かを言うことができるようになった。けれども、その「何か」は現実界に実体的に存在するものでもない。それはある「隠されたシニフィアン」を言い換えた別のシニフィアンに他ならない。けれども、「ユダヤ人」というシニフィアンを発見したことによって、ヨーロッパはヨーロッパとして組織化されたのである。ヨーロッパがユダヤ人を生み出したのではなく、むしろユダヤ人というシニフィアンを得たことでヨーロッパは今のような世界になったのである。

　私はそんなふうに考えている。無謀な着想であることはよく分っているが、多少は無謀なことをしないと、あえて「私家版」を称してユダヤ文化を論じる甲斐がない。

　私たちはユダヤ人という語がすでにある種のコノタシオンを帯びて流通している世界に、遅、れて到着した。そうである限り、私たちはもう「ユダヤ人という概念がまだ存在しない世界」にいる自分、その自分が見ている風景を想像することができない。その事実の取り返しのつかなさをもう少し真剣に受け止めてみたいと私は思っている。

私のこの次の問いはだからこんなふうに定式化されることになる。

「ユダヤ人という概念がまだ存在しない世界」から「ユダヤ人がいる世界」への「命がけの跳躍」がなされたときに、世界は何を手に入れたのか？

第一章注

1 シフについて最近日本語で読める評伝が刊行された。彼の日本政治史に与えた影響を知る上で有用な情報が含まれている。（田畑則重『日露戦争に投資した男――ユダヤ人銀行家の日記』二〇〇五年、新潮新書）

2 現代ヘブライ語はリトアニアの学者エリエゼル・ベン＝イェフダー Eliezer Ben-Yehuda（一八五八-一九二二）が聖書ヘブライ語を基にして作り出した「人工語」。

3 セム人とアーリア人では頭蓋骨の径に有意な差があると考えたのはフランスの人類学者のジョルジュ・ヴァシェ・ド・ラプージュ Georges Vacher de Lapouge（一八五四-一九三六）。彼は墓地を掘り起こして、死者の頭蓋骨を計測してこの結論を得たと言われている。

4　W・スコット『アイヴァンホー（上）』菊池武一訳、一九六四年、岩波文庫、一二一頁
5　セファルディーム（Sephardim）一四九二年のイベリア半島からの追放令によって、北アフリカ、イタリア、オスマン・トルコ帝国、のちにさらにオランダ、英、仏、新大陸に離散したユダヤ人の総称。共通語はラディノ。
6　アシュケナジーム（Ashkenazim）北仏、ドイツ、ポーランドなど東欧に定住したユダヤ人およびその子孫（現在ではイスラエル、アメリカ、イギリス国民が多い）。共通語はイディッシュ。世界のユダヤ人人口の九〇パーセントを占める。
7　ミシェル・フーコー『狂気の歴史』田村俶訳、一九七五年、新潮社、八一頁
8　Édouard Drumont（一八四四-一九一七）フランスの政治家、ジャーナリスト。十九世紀最大のベストセラー『ユダヤ的フランス』（*La France juive*, C. Marpon & E. Flammarion, 1886）でフランスの政財界の腐敗を「ユダヤ化」という枠組みで捉えて政論家として世に出た。『自由公論』（La Libre Parole）を創刊して、パナマ事件やドレフュス事件で民族主義・反ユダヤ主義の立場から激しいキャンペーンを展開した「近代反ユダヤ主義の父」。
9　Simone de Beauvoir, *Le Deuxième Sexe I*, Gallimard, 1949, p.285
10　*Ibid.*, p.26
11　Jean-Paul Sartre, *Réflexions sur la question juive*, Gallimard, 1954, p.81
12　*Ibid.*, p.83
13　*Ibid.*, p.83

14 *Ibid.*, pp.83-84
15 実際には近世資本主義の勃興とともに金利は合法化されている（一五七一年にイギリスでは金利を最高年一割と定める法律が制定された）。ただ、シェイクスピアの時代には、近代的銀行制度がいまだ不備であったせいで一種の金融無政府状態にあり、年利十割などという法外な利息での貸し付けが横行しており、民衆の怨嗟の的となっていたのである（どこかの国の話のようだ）。
16 W・シェイクスピア『ヴェニスの商人』中野好夫訳、一九三九年、岩波文庫、三四-三五頁
17 同書、三六頁
18 中野好夫、解説、同書、二〇二-二〇三頁。中野のこの解説は一九三九年に書かれたものである。
19 クリスティーヌ・デルフィ『なにが女性の主要な敵なのか――ラディカル・唯物論的分析』井上たか子他訳、一九九六年、勁草書房、一八三頁（強調はデルフィ）
20 岩井克人『貨幣論』一九九八年、ちくま学芸文庫、七〇頁
21 ジャック・ラカン『精神病（下）』「原初的シニフィアンと、そのうちのあるものの欠損」小出浩之他訳、一九八七年、岩波書店、六九頁
22 同書、七〇頁

第二章　日本人とユダヤ人

1　日猶《にちゆ》同祖論

前章の末尾を私は次のような問いかけで結んだ。

「ユダヤ人という概念がまだ存在しない世界」から「ユダヤ人がいる世界」への「命がけの跳躍」がなされたときに、世界は何を手に入れたのか？

もちろんこのような問いに理路整然と答える用意が私の側にあるわけではない。こんなふうに問いを立ててみると、「ユダヤ人問題」へのこれまでとは違う種類のアプローチを探り当てられそうな気がしたのである。今からしばらく、私は自分自身の直感を導き手に、このあてのない問いの周辺を経巡ってみようと思う。

こういう場合は、とりあえず身近な事例に始点を取るのが経験的に確かなやり方である。そこで、私はこんなふうに問いを立ててみる。

日本人とユダヤ人の間にはどんな関係が存在するのか？

この問いはこう言い換えることができる。

日本人は「ユダヤ人」という概念を手に入れることによって何を手に入れたか？

このような問いにならば、私にでも何とか答えることができそうだ。

まず、最初の問いにはきっぱりとこう答えることができる。

日本人とユダヤ人の間には何の関係もない。

もし、日本人とユダヤ人の間には何の関係もないにもかかわらず、日本人が「ユダヤ人」という概念を手に入れることで手に入れたものがあるとすれば、それは（ラカンの言葉を借りて言えば）「現実的な世界から導き出されたもの」ではなく、「現実の世界に骨組みと軸と構造を与え、現実の世界を組織化」するための何かだったはずである。

日本人とユダヤ人の間には何の関係もないことをまず確認しておこう。

『エンサイクロペディア・ジュダイカ』（*Encyclopaedia Judaica*, Macmillan）は全十六巻、総頁数二万三千頁、「ユダヤ」に関するあらゆる事象を網羅的に記述している定評ある百科事典だが、この中で「Japan」に割かれている頁数が何頁あるかおわかりになるだろうか。一分ほど時間を差し上げるから、次の行を手で隠して、想像して頂きたい。

（一分経過）。

はい、みなさん、答えが出ましたか？

正解は二頁である。総情報量の〇・〇〇九パーセント。これが英語圏に居住する標準的ユダヤ人の脳内における「日本および日本人」に対する関心の占める割合を近似的に表示する数値である。

いや、そんなことはない。ユダヤ人の中には日本を政治的なパートナーとしてあるいは市場として深い関心を寄せている人がいくらもいる。二万三千分の二というような非対称性は現実的ではないと反論される方がおられるかも知れない。

たしかに、そうかも知れない。そのユダヤ人がアメリカ国籍の方であれば、『エンサイクロペディア・アメリカーナ』の「Japan」の項目に割かれた頁数を、フランス国籍の方であれば、『ラルース』の「Japon」の項目に割かれた頁数を、彼らの「アメリカ合衆国市民としての」あるいは「フランス市民としての」日本に対する関心の近似的な指標とみなしてよいだろう。

けれどもそれは「ユダヤ人としての関心」ではない。

『ジュダイカ』の「日本」の項目には日本とユダヤ人の関係が簡潔にまとめてある。その記述に沿って、「日本におけるユダヤ人の歴史」をたどっておきたい（その記述はそのまま「ユダヤ人にとっての日本の歴史」である）。

確認されている最初の日本渡来ユダヤ人はアメリカのビジネスマン、アレキサンダー・マークス（Alexander Marks）という人物である。最初の訪日ユダヤ人の氏名まで知られているという点からも、『ジュダイカ』の記述の網羅性は窺い知られるだろう。なお、アレキサンダー・マークス氏渡来以前の日本の歴史については、「ユダヤ人にとって、日本は十九世紀半ばまで、その存在が事実上知られていない土地であった」に始まる十一行を割くにとどまっている。「美しいほどの無関心」というのはこういう場合にこそ用いるべき修飾語だろう。

マークスは一八六一年に横浜に来てそこに居を構えた。彼に続いてラファエル・ショイヤー(Raphael Schoyer)というアメリカのビジネスマンが来日した。ショイヤー氏は最初の英字紙の一つ『ジャパン・エクスプレス』(Japan Express)を刊行したことで知られている。続いて約五十人のユダヤ人が渡来した。彼らは最初横浜に住んだが、後に長崎、さらに神戸にも居住した。ユダヤ教による葬儀とシナゴーグの運営は明治維新前にすでにこの三都市では始まっていた。

このユダヤ人たちは幕末の日本にビジネス・チャンスを求めて渡来した「異人」の一グループにすぎず、当時の日本人が彼らを「ユダヤ人」として認識していたとは考えられない。彼らが執り行う異教の儀礼がバプチストかプレスビテリアンかメソジストかアングリカン・チャーチかゾロアスター教かユダヤ教かを当時の日本人が判別できたはずはない。つまり、サルトルの定式に従うなら、このときまで日本にユダヤ人は存在しなかったのである。

ユダヤ人を存在させたのは一人の人物の功績に帰すことができる。彼がいつ「ユダヤ人」を日本に出現させたのか、その日付まで私たちは知ることができる。

ご紹介しよう。日本にユダヤ人を存在させたのはスコットランド人の宣教師ノーマン・マクレオド（Norman McLeod）という人物である。彼は日本におけるフィールドワーク（何を調べたのだろう?）の結果、日本人はユダヤの「失われた十部族」の末裔であるという奇想天外な説を発表した（一八七五年）。これがその後現在まで語り伝えられる「日猶《にちゆ》同祖論」の起源となった。

この奇怪な理説については、これからしばらく宮澤正典、デイヴィッド・グッドマンの『ユダヤ人陰謀説――日本の中の反ユダヤと親ユダヤ』（一九九九年、講談社）の記述に従って解説をしてゆきたい。もともと、私自身の日本の反ユダヤ主義についての知識の過半はこのお二人の年来の研究に依拠しているので、以下の記述のうちに私のオリジナルな知見というのはほとんど含まれていない。

マクレオドの語った不思議な「神話」とは次のようなものである。

「日本人とユダヤ人の同祖論を最初にいいだしたのは日本人でもユダヤ人でもなく、スコットランド人ノーマン・マクレオドである。かれの一八七五年の『日本古代史の縮図』にそのことが書かれている。（……）マクレオドとその神学に対して、当時日本にいた外国人の社会は冷淡だった。一八七四年二月十日『ジャパン・メイル』紙は『水曜日の昨夜、マクレオド氏は〈ミカドと宮と公家様などとイスラエルの失われた十部族との結びつき〉について講演した。

聴衆はわずかで、その注意をひくことができたのも、ほんの数分だった』と報じている」[1]

　わずかの聴衆の「ほんの数分間」の注意しか惹きつけなかったはずのこの奇譚はしかし、そのままでは雲散霧消しなかった。「日本人の祖先はユダヤ人である」という「日猶同祖論」はやがて、中田重治《なかだじゅうじ》（一八七〇－一九三九）、佐伯好郎《さえきよしろう》（一八七一－一九六五）、小谷部全一郎《おやべぜんいちろう》（一八六七－一九四一）らの明治期の宗教思想家たちによって特異な純化を遂げてゆくことになるからである。

「日猶同祖論」のようなユニークな妄想が一個の人間によって創出されるはずがない。当然ながらマクレオドは先行する伝説を剽窃《ひょうせつ》したのである。

　マクレオドが参照したのは、イギリスに伝えられた「イギリス人＝ユダヤ人同祖論」である。自分たちは「イスラエルの失われた十部族の末裔」であるという説は十七世紀以降、広くイギリスに流布していた。別系統のものとしては「アメリカン・インディアン」はユダヤ人の末裔であるという説、さらにアメリカ黒人はユダヤ人の末裔であるという説も存在している。[2]

　地理的にも歴史的にもユダヤ人と何の結びつきもありそうもない人々が、「私たちはユダヤ人の末裔だ」と言い出す現象は小規模ではあれ世界中に類型を見出すことができる。ということは、この「話型」にはある種の人々を惹きつける何らかの魅力があるということである。

　日本人の日猶同祖論者たちはいずれも当時としては高度の学問を修め、それぞれに宗教的な訓練を受けた人々であった。彼らがマクレオドのような怪しげな人物の説を軽々に信じたとは考えにくい。おそらく彼らはマクレオドとは無関係に、それぞれの個人的な理路に従って、日猶同祖論という「魅力」的な理説を発見したのだろう。

ユダヤ人と日本人を同祖とすることで彼らは「いかなる利益を得る」ことができるのか、そのことについて日猶同祖論者たちの学説を祖述しながら考えてみたい。

まず中田重治から。中田重治が説いたのは、聖書には日本人とユダヤ人の関係が暗号で書かれているという「聖書暗号論」である。中田によれば、聖書にある「日いずる国」「東」などの語はすべて日本の暗喩である。だから、有史以来の日本が経験したすべての幸運（元寇の「神風」から日露戦争の勝利まで）はエホバの神佑であることになる。なぜエホバは日本をそのように手厚く護られたのか？

それは日本には救済史的・聖史的召命があるからである。

「とくに神に選ばれた者である」日本人が「神に守られて」成就すべき「大使命」とは何か。それは「世界の平和を乱す者をおさえつけ」、「選民イスラエルを救う」ことなのである。

「世界中に散在しているイスラエル人に神の選民たる自覚を起こさしめることで、そのために日いずるところより登る天使が用いられるのである」（中田重治『聖書より見たる日本』[3]）

「選ばれた民」である日本人が同じく「選ばれた民」であるユダヤ人を救う。

だが、どうして日本人でなければならないのか？

その理由は、ある意味で合理的である。それは日本人が「ユダヤ人を一度も迫害したことがない」からである。日本にはそもそもユダヤ人が十九世紀末まで存在しなかったのであるから、迫害したことがないのは当たり前なのだが。

佐伯好郎の説も奇想天外では中田に劣らない。「渡来民秦《はた》氏とはユダヤ人のことである」という説である。

佐伯の本来の研究対象である景教は、五世紀に異端とされたネストリウス派キリスト教のことである（これがペルシャを経由して七世紀に唐に伝えられ「大秦景教」と呼ばれた）。佐伯は、この研究の過程で、五世紀に秦氏が中国から日本に渡来し京都郊外太秦《うずまさ》に定住した事実に注目する。「大秦」と「太秦」の暗合にこだわった佐伯は太秦の神社や地名を渉猟した結論として、「うづまさ」の「うづ」がヘブライ語の「イシュ」すなわち「イエス」、「まさ」が「メシア」であるという説を立てる。

小谷部の説も佐伯に負けず奔放である。イェール大学から神学博士号を受けたこの篤学のキリスト者が知命を超えて世に問うた本は『成吉思汗ハ源義経也』（一九二四年）という奇書であった（この本は戦前に大ベストセラーだったそうである）。しかし、この奇談を貫く政治イデオロギーは紛れもない皇国史観なのである。小谷部はこう書いている。

「堂々たる神州の民は須く胸襟を開き、我等と同じく罪なくして排斥せらるゝ猶太民族に同情を寄せ、彼等を光明に導き（……）日本の使命たる神国樹立、四海同胞、乾坤一家の天業に共力する所あらしめよ、是即ち皇祖の所謂八紘を掩ふて宇《いへ》となさんとせる聖旨に合し（……）」（小谷部全一郎『日本及日本国民之起源』[4]）

彼らの仮説の出発点はまことに奇矯である。しかし、そこから導き出される結論はそれほど法外なものではない。どれも結論は「日本は選ばれた国であり、日本人は選ばれた民である」という皇国イデオロギーに収斂する。

おそらく、「日猶同祖論」においては、まず「日本人は世界史的使命を帯びた国民である」という皇国主義的イデオロギーが結論としてあり、その結論を導出するために「日本人とユダヤ人は同祖の眷属《けんぞく》である」という奇想天外な前提が採用されたという順序で論は運ばれている。その理由は比較的容易に推察することができる。

この三人の「日猶同祖論者」に共通するのは、いずれも明治初期に育ち、アメリカで教育を受け、キリスト教について深い知識を有していたという点である。

中田重治はシカゴのムーディ聖書学院で学び、帰国後の一九一七年東洋宣教会ホーリネス教会を設立した。佐伯好郎はトロント大学に留学、景教の研究で東京帝国大学から博士号を受けた。小谷部全一郎はイェール大学で神学博士号を受け、帰国後キリスト教の伝道活動に従事した。明治時代にこれだけ知的先進性の条件を備えた青年は希少である。

しかし、当時の日本青年としては例外的なアメリカ留学という特権的経験を通じて近代国家を実見したにもかかわらず（あるいは彼我の決定的な実力差を骨身にしみて味わったせいで）、彼らは「神州不敗」や「世界に冠絶する神国」というような夜郎自大な妄想を抱くようになった。そのとき彼らは「神国日本」の世界史的卓越性を「ユダヤ人との同一化」という妄想的な理路によって論証しようとした。なぜ三人が三人とも、魅入られたように、かかる論理的アクロバシーを選択することになったのか。そこにはある種の論理が働いているはずである。私はその「論理」に強い興味を覚える。

同祖論者の「本音」を酒井勝軍《かついさ》（一八七〇－一九三九）は次のようにはっきりと吐露している。

「之と同時に、我日本も亦《また》極東の一孤島否一異教国なる不名誉なる地位よりして、一躍世界の神州帝国たる地位に登り来り、基督《キリスト》教を奉ずる欧米諸国を眼下に見下すべき権威直ちに降り来るべし、何となれば彼等は日本は神の秘蔵国にてありしを発見すべければなり」（酒井勝軍『世界の正体と猶太人』[5]）

酒井は日本の国際関係上のポジションが「極東の一孤島否一異教国なる不名誉なる地位」であることとはっきり認めている。それを認めた上で、その一異教国が「基督教を奉ずる欧米諸国を眼下に見下す」ような起死回生の理説を探し求めたのである。

日猶同祖論のロジックとは、一言にして言えば、西欧において「罪なくして排斥せらるゝ」ユダヤ人とわが身を同一化することによって欧米諸国の犯罪性を告発する側にすべり込むというものである。

被害者との同一化によって「告発者」の地位を得ようとする戦略そのものは別に特異なものではない。「周知の被迫害者」とわが身を同一化することによって、倫理的な優位性を略取しようとする構えはすべての「左翼的思考」に固有のものである。「告発者」たちは、わが身と同定すべき「窮民」として、あるときは「プロレタリア」を、あるときは「サバルタン」を、あるときは「難民」を、あるときは「障害者」を、あるときは「性的マイノリティ」を……と無限に「被差別者」のシニフィアンを取り替えることができる。「被差別者」たちの傷の深さと尊厳の喪失こそが、彼らと同一化するおのれ自身の正義と倫理性を担保してくれるからである。

しかし、ユダヤ人との同一化のファンタジーは、ここに列挙したような「被抑圧者一般」との同一化戦略にくくり込むことのできない複雑なファクターを含んでいる。

それは、キリスト教徒に対するユダヤ人の倫理的卓越性は、単に「罪なくして排斥せらるゝ」ことだけではなく、その宗教的起源においてキリスト教に先んじているという「聖史的長子権」によってでも基礎づけられているからである。これは「プロレタリア」や「サバルタン」や「性的マイノリティ」には見ることのできない性格である。私たちは「階級社会出現以前のプロレタリア」や「帝国主義時代以前のサバルタン」や「強制的異性愛体制出現以前の性的マイノリティ」というものを想像することができない。だが、ユダヤ人はキリスト教世界出現以前から世界に存在し、キリスト教的西欧を生み出した母胎なのである。

ユダヤ人がキリスト教徒に対する霊的な意味での「尊属」であるという事実のうちにユダヤ人への差別や迫害の理由がおそらくは存するということを、日猶同祖論者たちは直感していた。そして、同じロジックを反転させることによって、欧米列強が日本を軽侮し差別するのは、日本が（潜在的に）欧米諸国を眼下に見下すべき「神州帝国」だからであるという、尊属ゆえの受難という物語を成り立たせたのである。

この物語は明治大正期に欧米先進諸国に対する文化的な後進性と政治的な劣等感に苦しんでいた青年の感受性にとって間違いなく快いものであったろう。

しかし、このようなユダヤ人との幻想的同一化によって「神州日本」の霊的卓越性を基礎づけようとする政治的幻想はファンタジーではすまされない危険な背理を含んでいた。もし、ユダヤ人と日本人が同じ理由から迫害されているのであるとすると、日本人の抑圧された欲望（「欧米諸国を眼下に見下すべき権威」を占有すること）は、そのままユダヤ人の欲望でもあるということになるからである。

つまり、日猶同祖論者は「日本人もユダヤ人もともに同じ迫害を受けている仲間である」というふうに考える点では「親ユダヤ」なのであるが、そこから「ユダヤ人もまた日本人と同じく、傷つけられた霊的威信を回復して、再び世界を睥睨する地位に就こうとしている」という展望を語るとき、それはただちに「反ユダヤ」に転化する。

　日猶同祖論という思想の特徴は、このユダヤに対する親和的・共感的態度が、ユダヤに対する恐怖と無矛盾的に同居しているという点にある。

　十数年前、渋谷のシナゴーグにラビを訪ねたおり、ラビが「面白いものをお見せしましょう」と言って一通の封書を見せてくれた。それはある日本人からの手紙で、自分がいかにユダヤ人とユダヤ教に対して深い理解と敬意を抱いているかが綿々と書き連ねてあった。その限りでは、非常に「親ユダヤ的」な文言のように思われたのだが、手紙の終わりでこの投書の主は「私があなた方ユダヤ人を尊敬するのは、あなた方が世界の政治経済のすべてを支配しているからです。どうか日本人である私もあなた方の仲間に入れて下さい」と懇願していたのである。ラビは苦笑いしながら、これはある種の「ユダヤ好き」日本人の典型的な妄想のかたちであると説明してくれた。私はそのときにはじめて書物でしか知らなかった日猶同祖論者的思考の実物に触れたのである。

　反ユダヤ主義というのは、必ずしも「ユダヤ人を排斥せよ」という明示的な迫害の運動だけを指すものではない。ユダヤ人がある種の国際的ネットワークを介して、世界の政治経済文化を効果的に統御しているという考え方をする人（私もしばしばそういう考え方をすることがある）は、仮に現実的な場面ではユダヤ人に対して親和的な態度や敬意を示したとしても、反ユダヤ主義者と基本的な世界認識のスキームを共有していることになる。

日猶同祖論はヨーロッパの反ユダヤ主義とは異質のものであり、育った土壌がまったく違う。だが、それが肥大化した愛国心とキリスト教的欧米文明への憎しみに基礎づけられたものである以上、日猶同祖論者は、彼ら自身の隠された攻撃性と支配欲をそのままユダヤ人に転写することを避けられないし、そのときユダヤ人はまさに「恐るべき覇者」として彼らの眼に映現せざるをえないのである。

日本に「ユダヤ人世界支配の陰謀」という物語を受け容れるための思想的風土は、日猶同祖論という独創的な妄想によって準備された。そして、その風土にヨーロッパ起源の本格的な反ユダヤ主義が輸入されることになる。大正年間のことである。

2 『シオン賢者の議定書《プロトコル》』と日本人

ロシア革命への干渉戦争であるシベリア出兵（一九一八―二二年）において、日本軍はシベリアの反革命勢力を支援した。この時に、赤軍と戦った日本の軍人たちは、白軍兵士に配布されたパンフレットを通じて「ソビエト政府はユダヤ人の傀儡政権である」というプロパガンダにはじめて接することになった。『シオン賢者の議定書《プロトコル》』という名で知られる反ユダヤ主義文書の存在を日本人が知ったこれが最初の機会である。

『シオン賢者の議定書』の普及版の全文は今邦訳で読むことができる。ノーマン・コーンの『シオン賢者の議定書《プロトコル》――ユダヤ人世界征服陰謀の神話』（一九八六年、ダイナミックセラーズ）の「付録」に付されているからである。この際物じみたタイトルの本を訳したのは、恥ずかしながらこの私である。原著は思想史家ノーマン・コーンの本格的な歴史研究の名著（Norman Cohn, *Warrant for Genocide*, 1967）なのだが、日本の版元は「反ユダヤ主義本」だと読者が勘違いするようなタイトルの方がセールス的には成功すると思ったのである（もちろんその経営判断は正しかった）。だから、装幀も凄い。

『議定書』は「シオンの賢者」なる国際的なユダヤ人組織の指導者たちが一堂に会して世界支配の計画を話し合った、その議事録という体裁を持つ。内容についてはコーン自身による手際のよい要約をそのまま引用させて頂くことにする。

「『プロトコル』あるいは講演記録は二四項目から成り、英語版で約一〇〇ページの小冊子である。内容を一言でいうのははなはだ難しい。文体は大仰で冗長、論議は支離滅裂で非論理的で、とても要約に耐えないからである。しかし多少根気よく読めば、三つの大きなテーマが浮かび上がってくる。一つは自由主義思想批判、一つは世界支配のために採るべき方法の記述、一つは最終的に確立されるべき世界政府のヴィジョンである。（……）

その主張は概ね以下のようになる。

近代に至り、自由主義の蔓延によって貴族政治は滅びた。政治的自由を享受している人民はしかし無能で、自らを統治し得ない。したがって社会に秩序をもたらすためには、専制君主を再び呼び戻す他ない。この時にユダヤの王が君主として歓呼をもって迎えられるために、シオンの賢者たちは仔細にその作戦を練っている。

まず社会不安を醸成するために自由主義を鼓舞する。民衆がその政治的意見をてんで勝手に主張するように仕向ければ、国政はたちまち混乱に陥る。賢者たちは対立する全部の政党に支援を与えて分裂を加速すると共に、民衆と指導者の間に不和のくさびを打ち込む。

フリーメーソンをはじめとする秘密結社を手足に使って、国家間の対立関係を煽り立てる。

戦争と革命を煽動する一方、キリスト教徒の道徳的頽廃を促す。

陰謀を見破り抵抗する者は失脚させ、暗殺する。抵抗する国は戦争で弾圧する。

かくして黄金という全能の権力を掌中に収めた賢者たちに選任されたダビデの血統を引くユダヤの王が、全世界に君臨する時が来る。この時全世界がユダヤ教に改宗する。（……）

大衆は一切の政治的権利を奪われ、批判能力を失い、ただ強権に盲目的に服従することしか許されない。しかしその一方、君主はあらゆる面で卓絶した模範であることを要求されている。君主といえども不適格と見なされるや容赦なく廃位される。彼は一切の私利私慾を超越し、現世にいかなる資産も持たず、ただひたすら公益のために働く。これは暴力も不正もない世界である。民衆は全員がこのように巧みに統治されることを喜び、かくしてシオンの王国は終りなく続いていくのである[6]」

要約を一読しただけでも、「何かつじつまが合ってないのでは……」という印象を読者は持たれたはずである。持って当然である。

というのは、『議定書』によれば、民衆の政治的自由を要求するのも、民衆の政治的権利を剝奪するのも、革命を起こすのも、革命を弾圧するのも、為政者が富を独占するのも、私利私欲を持たず公益に献身するのも、世界が戦争で乱れるのも、終わりなき平和を享受するのも、すべてはシオンの賢者の陰謀であると説明されているからである。『議定書』を信じるならば、世界がどのような状態であろうとも、それはすべて「シオン賢者の陰謀」なのである。便利な文書である。

この文書の存在が歴史上確認されたのは一九〇三年、ペテルスブルクの新聞『軍旗《ツナミア》』に出たのが最初であるが、『議定書』の普及に最も貢献したのはセルゲイ・ニルスという神秘家である。彼の『卑小なるもののうちの偉大』（第三版・一九〇五年）という終末論的著作に『議定書』が収録され、その部分だけが第一次世界大戦中に各国語に訳出されて、世界中に流布した。アメリカの自動車王ヘンリー・フォードは『議定書』の熱烈な信奉者で、財力にものを言わせて、『国際ユダヤ人』（*The International Jew*）という英語版の『議定書』を自費で配布し、それがのちにナチのプロパガンダに流用されることになった。

ロシア革命後の内戦時代には、白軍の兵士たちに『議定書』の縮約版が配布され、ロシア革命はシオン賢者の世界支配戦略の一環であるという宣伝が精力的に行われた。大正年間に日本に入ってきたのはこの白系ロシア・ヴァージョンである。

怪文書というのは出所不明・製作者不明と相場が決まっているが、例外的に『議定書』の成立についてはかなり詳しく知られている。大戦間期にスイスで発行停止を求める裁判が起こされたため、文書の真贋について裁判所が証拠調べを行ったからである。この段階でたいへんカラフルな事実が明らかにされた。

この文書のオリジナルは、まことに意外なことに、モーリス・ジョリ (Maurice Joly) というフランス人弁護士の書いたナポレオン三世を風刺した政治パンフレットだったのである。

ジョリはナポレオン三世の独裁制を批判する左翼的な立場から、『モンテスキューとマキャヴェリの地獄の対話』(一八六四年) という二十五章からなるパンフレットを出版した。この中で、ジョリは、ともに死者であるモンテスキューとマキャヴェリに、それぞれが自由主義と独裁制を擁護する対話を演じさせた。ジョリはマキャヴェリをナポレオン三世に擬すことで風刺的効果を狙ったのである。

『議定書』は、ジョリの政治パンフレットの中の、民衆の愚昧と独裁の効用を説くマキャヴェリの台詞だけを選び出してコピー&ペーストしたものである。全体の四〇パーセントがジョリからの盗用であり、『議定書』第七章に至っては全文が剽窃《ひょうせつ》である。反帝政の立場にある自由主義者が書いた風刺パンフレットを糊とはさみで切り貼りして、「世界支配のための陰謀計画書」に書き換えたわけであるから、論旨がそここで混乱してくるのはやむを得ない。

だが、『議定書』の最大の論理的混乱は時系列上の混乱である。シオン賢者は「すでに」世界を支配しているのかそれとも「これから」世界を支配しようとしているのかがあいまいなままになっているのである。これはジョリの『地獄の対話』のマキャヴェリが「これから民衆を支配するため」にはどうすればよいのかを未来形で語っているのに対し、『議定書』では「すでにユダヤ人の世界支配は完了している」という前提の違いから生じた齟齬《そご》である。それゆえに、ある種の政治的行動が活発であるとき、それが「シオン賢者が世界を支配するために行っている工作」なのか、それとも「シオン賢者の支配に抵抗している活動」なのか、その判定はまるごと解釈者の自由に委ねられることになる。

しかし、時系列の混乱による、この「どうにでも解釈できる」という特性こそが『議定書』を世界的ベストセラーにした真の理由なのである。コラージュと盗用がもたらしたこの手の付けようのない曖昧《あいまい》さのうちに『議定書』の汎用性は棲まっている。自明すぎるせいで私たちが意識していないことの一つは、国際政治はあまりに多くのファクターが関与する複雑なシステムであるために、条理や一貫性を求める思考はそこで必ず躓《つまず》くということである。理不尽な話だが、国際政治を語る準拠枠としては、理路整然としたものよりもむしろ当の国際政治と同程度に不条理なものの方が使い勝手がよいのである。

読む人の都合に合わせて、すべての政治的出来事は「シオン賢者の陰謀」としても「シオン賢者の陰謀に対する抵抗運動」としても自由に解釈できる。ということは、自分が反対する政治的行動は「シオン賢者の陰謀」であり、自分が支持する政治的行動は「シオン賢者の陰謀への抵抗」として解釈できるということである。シオンの賢者の陰謀そのものにいかなる理路も一貫性もないがゆえに、シオンの賢者の陰謀に抵抗する人の政治的立場にもまた理路も一貫性も要求されない。むしろ、『議定書』を信じる人間の政治的主張がつじつまの合わないものであることそれ自体が彼の政治的正しさを確証するのである。

たいへんに率直な言い方をすれば、『シオン賢者の議定書』的な国際政治解釈を採用すると、人間は頭が悪ければ悪いほど政治的には正しくなる仕掛けになっているのである。『議定書』が全世界に爆発的に普及した理由はこの点に存する。そして、この法則は私たちの時代の成功した政治的イデオロギーのほとんどにも当てはまるのである。

愚者の福音書である『シオン賢者の議定書』は大正年間に日本に入ってきた。その代表的な宣布者が先に名の出た酒井勝軍である。彼もまたキリスト教徒であり、アメリカで学んだという点で、中田重治や小谷部全一郎に似た経歴を持っている。そして、彼らと同じく、神国日本の歴史的使命の成就とユダヤの民の「シオンの地への帰還」を結びつける習合的な日猶同祖論者であった。

酒井は次のような途方もない日猶の連携を語っている。

「イスラエル王国は其国民をして世界的発展をなさしむるがために亡国の状を粧ひたりしも、実際は一日も亡国せず其儘日本帝国として継承せられたるものなり、故にイスラエル王国滅亡と同時に日本帝国は建立せられたるものにして、此両国は共に万世一系の皇統を以て国体の真髄となし居るものなるが……」（酒井勝軍『猶太の世界政略運動』[7]）

紀元前十世紀に南北に分裂したイスラエル王国のうち北王国はアッシリア王サルゴン二世に滅ぼされ（紀元前七二二年）、南王国（ユダ王国）はバビロニア王ネブカドネザル二世によって滅ぼされた（紀元前五八六年）。ということは、酒井を信じるならば、「日本帝国」は紀元前六世紀に成立したということになる（たしかに記紀の神武天皇の即位の年号もその頃のはずだ）。まことに世界の誇る皇統と言わねばならない。

酒井はそれと同時に『猶太の世界政略運動』、『猶太民族の大陰謀』、『世界の正体と猶太人』といった毒々しいタイトルを持つ著書を次々と刊行して、ユダヤ人が「赤はボルシェヴィズムより、白はデモクラシイに至るまで」、近代的な政治的動向（日本における普通選挙、婦人参政権要求までを含めて）を背後で操っているという奇想を喧伝した。

酒井の説明によると、共に世界に冠絶する大王国の臣民でありながら、ユダヤ人は日本人と違って、その歴史的使命をまだ自覚せず、世界政略の陰謀にかまけている。だから、日本人はユダヤ人の陰謀が日本に侵入するのを排しつつ、かつユダヤ人を善導してやらねばならないのである（ずいぶんめんどうな仕事である）。

「余は彼等の陰謀をして日本の何処にも行はしめて皇土を汚さしむるを欲せざるなり、何となれば日本帝国は彼等の陰謀を迎ふべき必要なき国土にして、日本はすすんで彼等に指示すべき地位にある国なると信ずればなり」[8]

酒井の日猶同祖論は、その先行者に見られたユダヤ人に対する親和的・共感的な要素をほとんど含まない純然たる反ユダヤ主義である。彼の目的は、神国日本の霊的優位を論証することだけである。そして、「神国日本の霊的優位」という無根拠な妄想と「帝国主義列強による植民地化の恐怖」という否定しがたい現実を「架橋する」ために、キリスト教世界における「霊的長子権」保持者でありながら、現実の政治過程では被迫害者であるユダヤ人のポジションは論理的な「レバレッジ（梃子）」だったのである。酒井にとってユダヤ人は論理の経済が要請するただの道具に過ぎなかった。

日猶同祖論が列強による日本の軍事的（あるいは文化的な）「植民地化」という趨勢に抗して、祖国の政治的・文化的独立を堅持しようとした「憂国の至情」より発したものであったこと、これは認めてよいと思う。行論そのものは支離滅裂でおよそ学問的検証に耐えるものではないが、それにもかかわらず、このような理説が久しく（近年に至るまで）、化粧を替えては繰り返し再登場してきたことを考えると、このような論理的架橋のうちには、何かしら日本人の心の琴線に触れるものがあったと考えることができる。

中田から酒井に至る日猶同祖論者を仮に第一期の日猶同祖論者と呼ぶとすると、彼らはいずれもキリスト教徒あるいはキリスト教に造詣の深い人間であった。だから、神国日本の霊的優位ということを主張しながらも、その論拠をあくまで聖書のうちに求めたのである。日本の霊的優位がキリストの再臨や、世界人類の救済への道であるという言い方のうちには（片鱗《へんりん》なりといえども）普遍救済説的な、あるいは人類愛的な思考のなごりをとどめている。本音は「日本ひとりが帝国主義の弱肉強食の時代を生き延びられればよい」ということだったのだが、それでもなお、彼らのナショナリズムは聖史的な文脈にむりやり挿入されて、「世界史的使命の成就」という名分を求めたのである。

だが、『議定書』以後に登場する大正期の反ユダヤ主義者たちは、もうそのような文飾には訴えない。彼らは剝き出しのナショナリストであり、彼らが「ユダヤ」に言及するのは、それがリアルポリティークの文脈でメカニカルに有意である場合に限られる。

その一人が『議定書』の日本への最初の紹介者である樋口艶之介《つやのすけ》（北上梅石《ばいせき》、一八七〇－一九三二）である。ニコライ神学校の出身で、乞われて陸軍のロシア語教師となり、シベリア出兵に加わった樋口は巨大なロシア帝国が瞬く間に瓦解するさまを見て、そこに「暗黒の力」「悪魔の手」が介在しているのではないかと考えた。

「此の残虐の影には何等か暗黒の力が潜んで居るのではないか、悪魔の手が革命を指導して居るのではないかの疑問が起こる次第であります」（北上梅石『猶太禍』[9]）

樋口の思想には近代反ユダヤ主義のきわだった特徴である「陰謀史観」が深々と刻印されている。

陰謀史観は近代以前のキリスト教的＝悪魔主義的反ユダヤ主義には見ることができないものである。樋口は年齢的には中田たちと変わらないが、すでにその思想は「近代的なもの」に切り替わっている。

十九世紀的近代人はあらゆる事象は因果の糸で緊密に結びついており、その因果の糸を発見することこそが「科学的思考」であるという思い込みに深く領されていた。因果関係の発見こそが科学であるとする思考は「一つの結果には必ず一つの原因が対応している」という機械論的な世界観を不当前提する。だから、「近代科学主義者」たちは例外なく政治過程を「機械」のメタファーで構想した。つまり、yを「出力」、xを「入力」と取ると、y＝f(x)という方程式ですべては説明されると考えたのである。

この場合のf（関数）は一種の「ブラックボックス」であって、それがどういうふうな構造であるかには副次的な重要性しかない。分子生物学者のルドルフ・シェーンハイマーはこれを「ペニー・ガム法」と名づけた。「ペニー・ガム法」とは自動販売機にペニー硬貨を投じるとガムが出てくることを、「銅がガムに変化した」と推論する思考のことである。ペニー・ガム法を採用すれば、自動販売機のメカニズムがどのようなものであろうと（IC制御であろうと、中に小人が入っていようと)、ガム＝f(ペニー)という方程式は揺るがない。

陰謀史観は世界政治をこれに準じた「ペニー・ガム・メカニズム」として理解する。百円のコインを投じると百円分のガムが出てきて、二百円のコインを投じると二百円分のガムが出てくる。ということは、「帝国の瓦解」というような巨大な「ガム」の出力があった場合には、それにふさわしい「帝国規模の侵攻」が「ペニー」として入力されていなければならないことになる。

しかし、ブルボン王朝のときも、ロマノフ王朝のときも、その瓦解のときに、人々は帝国的スケールの「敵」というものを明示的な仕方で特定することができなかった。文字通り「あれよあれよ」という間に、帝国は足下から崩れるように瓦解してしまったからである。

となると、この「敵」は「見えない敵」でなければならない。

帝国の「表の」政治力に拮抗するだけの「裏の」政治勢力が存在しなければ、「ペニー・ガム法」による世界史認識は成立しない。それゆえ、機械論的世界観を奉じる人々は、その論理の経済の要請するところに従って、「暗黒の力」、「見えざる政府」というものを想像的に作り出すことを余儀なくされたのである。

歴史的な変動をある「見えざる工作者」の企図に帰すこの発想を私たちは陰謀史観と呼んでいるが、十九世紀の政治思想家でこの弊を免れている者はほとんどいないと言ってよい。あの怜悧なマルクスでさえ『ヘーゲル法哲学批判序論』ではこう書いている。

「一国民の革命と社会の一特殊階級の解放とが一致し、一つの立場が全社会の立場として通用するためには、逆に社会のあらゆる欠陥が或る他の階級のうちに集中しているのでなければならず、或る特定の立場が一般的障害の立場、一般的制限の化身であるのでなければならず、或る特殊な社会圏が全社会に誰知らぬ者なき非行とみなされ、したがってこの圏からの解放が一般的自己解放と思われるようになっているのでなければならない[11]」

社会がうまく機能していないのは、社会の不幸から受益している「悪者」がいるせいであるから、「悪者」を滅ぼせば社会はよくなる……という十九世紀的な「物語」をマルクスもまたここで繰り返している。私たちの注意を引くのは、マルクスの文言のうちの「でなければならない」の執拗な反復である。彼は社会の不幸のすべての原因であり、社会の不幸からひとり受益している「単一の非行者」が存在することを論証するに先んじてほとんど渇望していたのである。

おそらく日本最初の陰謀史観論者であった樋口艶之介に続いて、何人かの近代的な反ユダヤ主義者たちが登場する。『世界革命之裏面』と題して、『議定書』の日本語の最初の完訳を刊行した安江仙弘《のりひろ》（包荒子《ほうこうし》、一八八八－一九五〇）もまたロシア語を学び、シベリア出兵でロシアの土を踏んだという点で樋口と類似したキャリアを持つ軍人である。彼は参謀本部付となってパレスチナに現地調査を実施、その後関東軍大連特務機関に入り、戦前戦中の日本軍部でユダヤ問題の権威と目された。

　一九三三年、ヒトラーが政権を取り、翌年、首相・大統領を兼ねた「総統」となり、内政外交で輝かしい実績を挙げて、ドイツは再びヨーロッパの強国に復帰する。日本でも四〇年の日独伊三国同盟へ向かう親ナチスの大きな流れができる。その中で、ナチス風の「ユダヤ人問題の最終的解決」に同調するメディアやイデオローグが日本にも出現した。ドイツ大使館からの支援も受け、日本における反ユダヤ主義はついに「奇想」から「国策」への危険なシフトを遂げることになったのである。この時期の反ユダヤ主義者の特徴は、ナショナリストだけでなく、転向した左翼知識人のうちにも反ユダヤ主義者を見出したことである。

　この新しい思潮を代表する一人が黒田礼二（一八九〇-一九四三）である。黒田は新人会[12]の創立メンバーの一人で、二〇年代の左翼学生運動を領導したこの組織から離れたあと、三一年にミュンヘンで『朝日新聞』企画のヒトラーとの会見を経験した後、一転して反ユダヤ主義者になる。

「或る民族国家がその固有の文化と国威とを発揚するためにはどうしても断乎として眼に見ゆる、又眼に見へない猶太主義を排撃粉砕しなければ不可能だと確信を得た。私は日本に於いても矢張りそれと同じことを主張したい」（「パナマ運河大疑獄物語――猶太的遺口の好適例」『国際日本では例が少ないが、ヨーロッパではむしろこのような社会主義から反ユダヤ主義への「転向組」が反ユダヤ主義の中核部隊をなしている。社会主義は「ブルジョワジー対プロレタリア」という階級対立図式で社会矛盾を説明するわけだが、この「ブルジョワジー」を「ユダヤ人資本家」に置き換えれば、社会主義は無矛盾的に反ユダヤ主義に接ぎ木することが可能となる。現に、ドリュモンの『ユダヤ的フランス』は発表当時、社会主義者たちのあいだに何人もの熱烈な支持者を見いだした。ヨーロッパの社会主義者が反ユダヤ主義と訣別するのはドレフュス事件(一八九四-九九年)まで待たなければならない。

戦時中の日本の反ユダヤ主義については、ここでもう一つの不可解な「ねじれ」を指摘しておく必要がある。それは言論面において激烈な親ナチス反ユダヤ・アジテーションが展開されたにもかかわらず、外交的な水準での対ユダヤ政策はかなり現実的なものだったということである。

日本政府の対ユダヤ政策は一九三八年に板垣征四郎陸相の主導で制定されたとされているが、その基本施策の文中には「猶太人ニ対シテハ他国人ト同様公正ニ取扱ヒ之ヲ特別ニ排斥スルカ如キ処置ニ出ツルコトナシ」という一条が含まれていた。当時、ユダヤ人難民約二万人が満州国への入国を求めていたが、ドイツ外務省からの強硬な申し出にもかかわらず、日本政府は難民受け容れを決定した。当時日本が実質支配していた上海にも約二万人のユダヤ人がヨーロッパから逃れてきていたが、これもゲットーに収容され、行動範囲の制限は課されたものの、ヨーロッパにおいてユダヤ人が受けたような暴力的な迫害はなされなかった。

よくその名が知られている杉原千畝《ちうね》（一九〇〇-八六）は、リトアニア駐在領事代理として、ナチスによる抑留移送から逃れようとしてビザを求めてきた二千人のユダヤ人にビザを発行して、多くの人命を救った。杉原の行動の動機が奈辺にあったかは詳らかにしないが、少なくともこの緊迫した国際情勢の中で、一外交官が公務の一環としてユダヤ人へのビザ発行ができたという事実そのものが、日本政府の対ユダヤ政策の「ゆるさ」を示しているだろう。

戦時中の反ユダヤ主義者の中にはもう一人印象深い人物がいる。一九四二年の衆議院選挙に反ユダヤ主義を綱領に立候補し、全国最高得票で代議士となった退役陸軍中将四王天《しおうでん》延孝《のぶたか》（藤原信孝、一八七九-一九六二）である。

四王天は第一次世界大戦時から欧州各国を歴訪した「ユダヤ専門家」であり、『猶太民族の研究』（一九二五年）で、ユダヤ人は日本を隷属させる機会を窺っているという議論を展開した。四王天の議論はナチスの反ユダヤ・プロパガンダにほぼ沿ったものであり、難民化したユダヤ人への人道的配慮や宥和策にも四王天は反対した。しかし、「ナチス的反ユダヤ主義プロパガンダの模範解答」とでもいうべき四王天の主張は日本政府の対ユダヤ政策にそれほど大きな影響力を持つことがなかった。

　同盟国からの度重なる要請にもかかわらず、日本政府が暴力的な反ユダヤ主義政策に踏み切らなかった理由として考えられるのは、「ユダヤの国際的ネットワーク」から経済的な支援を引き出せるのではないかという期待が軍内部に伏流していたということである。

　現に、さきの基本施策には「ユダヤ人を積極的に日本の実効的支配地（満州、中国）に招致することは避けなければならないが「但シ資本家技術家ノ如キ特ニ利用価値アル者ハ此ノ限ニ在ラス」と但し書きがある。東條英機も松岡洋右も、自分たちには反ユダヤ主義施策を行う気がないということを（同盟国ドイツの不快を予測しながら）なお広言していた。この事実を彼らが「人道的な政治家だったから」と説明しようとする人はあまりいないだろう。「世界を実質支配しているのはユダヤ人である」という反ユダヤ主義的な前提を反転させれば、ユダヤ人がそれほどまでに強大な権力を持っているものなら、迫害するよりむしろひそかに利用した方が国益に適うのではないかという「妄想に基づく実利的計算」というものもありうる。

　軍部にこのような「容ユダヤ」的政治思想が存在しえた理由を推察するのはそれほどむずかしいことではない。ジェイコブ・シフの公債引き受けによって日露戦争にかろうじて勝利できたという（一般国民はほとんど知らされず、政府要路の人間だけが知っていた）事実についての記憶は当然にも他のどの政府セクターよりも軍部において鮮明だったはずだからである。ユダヤ人に対する恩義の感覚とユダヤ人の国際的な経済ネットワークの実力に対する畏怖の念は、日本の高級軍人にとって日露戦争以来ぬぐいがたくしみついたある種の「トラウマ」だったのである。

以上、明治初年から敗戦までの日本の反ユダヤ主義の歴史について急ぎ足で概観してみた。日猶同祖論からナチス的反ユダヤ主義まで、多様な形態が見られるわけだが、私たちはそこにさまざまなる意匠を貫通するパターンを認めることができるだろう。

第一の特徴は日本の反ユダヤ主義が幻想的な次元の出来事だったということである。日本人とユダヤ人との間に現実に接点がないのだから、当然と言えば当然のことである。上海や満州でユダヤ人と接触した軍人外交官らを除くと、ユダヤ人は日本人にとってほぼ一貫してヴァーチャルな存在であった。

日本人がこの「ヴァーチャルなユダヤ人」を繰り返し呼び出したのは、「こちらの事情」によってである。日猶同祖論から四王天の反ユダヤ主義まで、その全部に共通するのは、「国民国家の政治的危機」と「国民的アイデンティティのゆらぎ」という二つの政治的ファクターである。

日猶同祖論は欧米列強による植民地化と、日本固有の伝統文化の消滅への危機感と恐怖を培養基に生まれた。これはペリー来航から日露戦争までの、近代日本の危機感にストレートに対応している。この民族的危機感はほとんど「ヒステリー」というのに近いものであったから、日猶同祖論のような病的な妄想が受け容れられる心理的な素地は十分にあった。

一方、『議定書』方の陰謀史観は台湾併合、朝鮮併合、シベリア出兵といった日本の本格的な帝国主義的海外進出という政治的文脈の中で登場してきた。とりあえず国民国家としての「近代化」の条件を整えた日本は、次には「速すぎる近代化」に対するバックラッシュに直面する。普通選挙、婦人参政権、言論の自由、集会結社の自由、無産政党の登場……そういった一連の市民的な権利請求が、都市化と伝統的な農村共同体の解体と足並みを揃えて登場してきた。おそらくこのときに「共同体の危機」を覚えた人々がいたのである。この保守的日本人たちは目前で進行している日本の伝統的な社会システムの瓦解や価値観の解体を説明するために新しい論理的なツールを求めた。社会秩序の崩壊の責任を転嫁する「張本人」を名指すことがとりあえず彼らにとっては喫緊の思想的課題だったのである。

昭和に入ってから、日本の国際政治上の「敵ナンバーワン」はアメリカになるが、『議定書』はあらゆる国の政策に適用可能であるから、今度は連合国諸政府を実質支配しているのはユダヤ人であるという物語が採用される。それゆえ、スターリン、蔣介石、ルーズヴェルト、チャーチルはすべて「国際ユダヤ人のピエロ」であるという説が戦中の大新聞では声高に唱えられた。

これらの一連の現象に通底しているのは、夾雑物なき純良な国民国家のうちに国民が統合されていることが「国家の自然」であるという日本人の願望（あるいは妄想）である。そのような単一体として国民国家を想定する人々は、国民国家が複数の流動的要素がたまたま一時的に形成している過渡的な「淀み」のようなものであり、いずれ時が来れば、生成した時と同じように解離してゆくものだという、通時的な流れの中で政治過程を理解することを嫌う。国民国家というものはソリッドで「万世一系」の単体でなければならないという前提の妄想が、入力と出力がペニー硬貨とガムのように対応する「閉鎖系」を要請するのである。

　ここまででわかったことの一つは「ユダヤ人から見た日本の歴史」は「日本における反ユダヤ主義の歴史」と同義だったということである。今一つは、日本における反ユダヤ主義は情報の欠如によって発生したものではなく、むしろ欲望の過剰が呼び求めたものだということである。

　本章の冒頭に私はこんな問いを置いた。「日本人はユダヤ人という概念を手に入れることによって、何を手に入れようとしたのか？」。私はこの問いにとりあえず近似的な回答のようなものを提出できたのではないかと思う。

　明治期の「日猶同祖論」を通じて日本人が手に入れようとしたのは、「聖史的＝霊的長子権」ゆえの受難という「物語」であった。この「物語」によって日猶同祖論者たちは世界史的な通用性がある（ように彼らには信じられた）「血統神話」を手に入れた。大正期の近代反ユダヤ主義を通じて日本人は陰謀史観という「閉鎖系の政治学」を手に入れた。

これらは同一の病的妄想の二つの病像である。この妄想を病むことによって、日本人はある種の「疾病利得」を得てきた（むろん、それ以上のものを失ったが）。このようにしてもたらされる利益が他の病態によっては代替しえないものだとしたら、きっと日本人はこれからも同じ病を病み続けることになるのだろう。

第二章注

1 デイヴィッド・グッドマン、宮澤正典『ユダヤ人陰謀説』藤本和子訳、一九九九年、講談社、一〇四-一〇五頁
2 同書、一〇五-一〇八頁
3 同書、一二四頁
4 同書、一三四頁
5 同書、一三四頁
6 ノーマン・コーン『シオン賢者の議定書《プロトコル》——ユダヤ人世界征服陰謀の神話』内田樹訳、一九八六年、

ダイナミックセラーズ、六六-六七頁
7　グッドマン、宮澤、前掲書、一七二頁
8　同書、一七二頁
9　同書、一四三頁
10　福岡伸一『もう牛を食べても安心か』二〇〇四年、文春新書、五九頁
11　カール・マルクス『ヘーゲル法哲学批判序論』真下信一訳、一九七〇年、国民文庫、三四七頁（強調はマルクス）
12　東京帝国大学の学生が中心になって一九一八年に創設。赤松克麿、宮崎竜介、麻生久、佐野学、野坂参三、渡辺政之輔らが参加。言論活動にとどまらず、中国朝鮮の同志との連携、労働運動との共闘など広範な社会活動を実践した。中核的会員は二二年の日本共産党設立に参加。二九年の解散までに大宅壮一、中野重治、林房雄ら、多くの知識人を輩出した。
13　グッドマン、宮澤、前掲書、一六九頁

第三章　反ユダヤ主義の生理と病理

1　善人の陰謀史観

陰謀史観とは「ペニー・ガム法」に基づく歴史解釈のことである。「単一の出力に対しては単一の入力が対応している」という信憑を抱いている人は、どれほど善意であっても、どれほど博識であっても、陰謀史観を免れることができない。

しかし、私はここで陰謀史観の根絶を読者諸氏に訴えようと思っているわけではない。というのは、陰謀史観はある意味で人間の善性の現れだからである。

陰謀の「張本人」のことを英語では author と言う。「オーサー」とは日常語では「著者」という意味で使われる。作家がその作品の「オーサー」であるというとき、それは作家が作品の「創造主」であり、「統御者」であり、そのテクストの意味をすみずみまで熟知している「全知者」であるということを含意している。

ロラン・バルトがその「作者の死」で、テクストの「創造者＝統御者」としての「オーサー」というのは近代が作りだした幻影にすぎないときびしく告発してからそろそろ四十年が経過する。バルトのテクスト論は私たちの時代の「定説」であり、大学院生向けの文学理論の解説書にはちゃんと「テクストはオーサーのものではありません」と書いてある。それにもかかわらず、依然として私たちの社会では「作家」はその「作品」についての独占的な「オーサーシップ」や「コピーライツ」を保持している。私自身もバルト理論を正しいと思い、「コピーライツなどというものは誰によっても占有しえないものである」とあちこちに書いてきたが、その原稿料や印税の受け取りを拒否したことはない。それはつまり、この理論は正しいけれど、現実からは乖離しているということを意味している。

正しいけれど現実から乖離した理論というものはテクスト理論の他にいくらもある。政治理論の半数以上はそうだと言ってよいだろう。「正しい政治理論」を語る人々に共通するのは「正しくないけれど人間の本性に根づいた信憑」というもののしぶとさを過小評価する傾向である。

それ抜きには人間性そのものが立ちゆかない種類の「正しくない信憑」というものが人間の中には組み込まれている。不愉快かもしれないけれど、そのことを認めよう。

「オーサー」というのはそのような「正しくない信憑」の一つである。「オーサー」は「ペニー・ガム法」における「ペニー」のことである。

ガムが目の前に出現したときに、自動的に「これは等価の硬貨が販売機に投じられたことの結果である」と信じられる人にとってのみ「オーサー」という概念はリアルなものとして映現する。そうでない人（あるアウトカムはいくつかのファクターの複合的効果によって生じた可能性をつねに吟味する人）にとって「オーサー」という概念はそれほどリアルではない（ただし、そういうタイプの人は非常に少ない）。

一つの結果には必ず一つの原因があるという命題が正しくないことは、少しでも現実を観察すれば、誰にでもわかる。ふちのぎりぎりまで水で満たされたコップに最後の一滴が加わって水があふれ出た場合に、この「最後の一滴」をオーバーフローの「原因」であると考える人はあまり賢くない。私が今不機嫌であるのは空腹のせいなのか、昨日の会議のせいなのか、原稿の締め切りが迫っているせいなのか、確定申告の税額のせいなのか、どれか一つを「原因」に特定しろと言われても私にはできない（してもいいが、仮にそれを除去しても私の不機嫌はさして軽減しない）。

「単一の原因」という考え方があらゆる結果に適用できないことは、少し考えれば誰にでもわかることだ。けれども、この考え方を根絶することはできない。理論的には可能だが、現実的には困難であることは私たちの社会にたくさんある（例えば、資本主義市場経済の廃絶）。そういうものに対処するときは、「徹底排除」や「根絶」といったクリアカットな政治的ソリューションを自制して、むしろそのようなものを要請せずにはいられない人間の心性の構造を解明し、それがもたらすネガティヴな効果を最小化することに知的リソースを集中する方が経済的だろうと私は思う。

　私たちはあらゆる局面でその事象を専一的に管理している「オーサー」の先在を信じたがる傾向を持っている。これはほとんど類的宿命ともいうべき生得的な傾向であって、「やめろ」と言われて、ただちに「はいそうですか」と棄てられるものではない。なぜなら、「悪の張本人」を信じる心性は「造物主」や「創造神」を求めずにはいられない心性と同質のものだからである。ある破滅的な事件が起きたときに、どこかに「悪の張本人」がいてすべてをコントロールしているのだと信じる人たちと、それを神が人間に下した懲罰ではないかと受け止める人たちは本質的には同類である。彼らは、事象は完全にランダムに生起するのではなく、そこにはつねにある種の超越的な（常人には見ることのできない）理法が伏流していると信じたがっているからである（そして私たちの過半はそのタイプの人間である）。だから、陰謀史観論は信仰を持つ者の落とし穴となる。神を信じることのできる人間だけが悪魔の存在を信じることができる。

　悪魔というのは神のルールを熟知しているがゆえに、その裏を掻くことのできる存在のことである。神の定めたルールと無関係に行動する悪魔は存在しない（そんな横着な悪魔だと、それと知らずに悪人を罰して世界を救ってしまう可能性があるからだ）。悪魔は神の超越的な理法の実現を体系的に阻むという仕方を通じて「阻むべき超越的な理法がある」ことをそのつど確証するために要請されるのである。

陰謀史観を根絶することが困難であるのは、そのせいである。「超越的に邪悪なものが世界を支配しようとしている」という信憑は、全知全能の超越者を渇望する人間の「善性」のうちに素材としてすでに含まれているのである。

2　フランス革命と陰謀史観

私は若い頃、十九世紀フランスにおける反ユダヤ主義のことをかなり長期にわたって調べていたことがあった。代表的な論客の何人かについては、その著作をかなり熱心に読んだ。そして、私は彼らの多くが、あまり知的ではないけれど魅力的な人間であるということを知って驚倒した。読んでいて「ああ、いいやつだな」と思って、少し「じん」としてしまうということが何度もあった。

私がそれまで読んできた反ユダヤ主義に関する歴史書では（そのほとんどがユダヤ人の歴史家の手によるものであるせいもあって）、反ユダヤ主義者が「人間的にわりといいやつ」であるというような記述はありえなかった。彼らは知性のかけらもなく、邪悪にして非道の人物として描き出されていた。もちろん、あれだけ長期にわたってあれだけ非人道的な迫害を正当化してきた人間について、そのような政治的評価が適切であることに私はまったく反対しない。

けれども、私がここで問題にしたいのは、むしろ彼らがそれにもかかわらず「いいやつ」だったという背理の方である。

　生来邪悪な人間や暴力的な人間や過度に利己的な人間ばかりが反ユダヤ主義者になるというのなら、ある意味で私たちも気楽である。そんな人間なら比較的簡単にスクリーニングすることができるからだ。その種の「悪人」だけに警戒の眼を向けていれば破局は回避されるだろう。しかし、私が反ユダヤ主義者の著作を繙読《はんどく》して知ったのは、この著者たちは必ずしも邪悪な人間や利己的な人間ばかりではないということであった。むしろ、信仰に篤く、博識で、公正で、不義をはげしく憎み、机上の空論を嫌い、戦いの現場に赴き、その拳に思想の全重量を賭けることをためらわない「オス度」の高い人間がしばしば最悪の反ユダヤ主義者になった。

　単純な「反ユダヤ主義者＝人間の皮をかぶった悪鬼」説によりかかっていれば、たしかに歴史記述は簡単になる。しかし、そこにとどまっていては、今も存在し、これからも存在し続けるはずの、人種差別や民族差別やジェノサイドの災禍を食い止めることはできない。

「反ユダヤ主義者の中には善意の人間が多数含まれていた」という前提を平明な事実として受け容れて、そこから「善意の人間が大量虐殺に同意することになるのはどのような理路をたどってか」を問うことの方が、「大量虐殺に同意するような人間は人間以下の存在である」と切り捨てて忘れてしまうよりも思想史研究の課題としては生産的だろう。

　反ユダヤ主義者のことを考えるとき、靖国神社に祀られているA級戦犯のことを連想することがある。東條英機以下の戦犯たちを「極悪人」であると決めつけてことを終わりにする人々に私は与《くみ》しない。また、彼らの個人的な資質や事績の卓越を論《あげつら》って、「こんなに立派な人物だったのだから、その遺霊は顕彰されて当然だ」と主張する人々にも与しない。むしろ、どうして「そのように『立派な人間』たちが彼らの愛する国に破滅的な災厄をもたらすことになったのか？」という問いの方に私は興味を抱く。

彼が善意であることも無私無欲であることも頭脳明晰であることも彼が致死的な政治的失策を犯すことを防げなかった。この痛切な事実からこそ私たちは始めるべきではないか。そこから始めて、善意や無私や知力とは無関係のところで活発に機能しているある種の「政治的傾向」を解明することを優先的に配慮すべきではないか。私はそのように考えるのである。

陰謀史観の起源はフランス革命期に遡る。フランス革命のとき、多くの人々の目には一夜にしてブルボン王朝が瓦解したかのように見えた。それを耐用年数が尽きて劣化した政治システムの自然なシフトととらえる政治史解釈の習慣は十八世紀にはまだ存在しなかった。だから、ロンドンに亡命した貴族や僧侶たちは、「この革命を工作したのは誰だ？」という問いに熱中した。実に多くの「工作者」が「犯人」に擬せられた。ジャコバン派、イギリスの海賊資本、プロテスタント、フリーメーソン、聖堂騎士団、ババリアの啓明結社……。

史書によれば、最初に「フランス革命ユダヤ人陰謀説」を唱えたのはオーギュスタン・バリュエル Augustin Barruel（一七四一-一八二〇）というイエズス会士であるとされている。神父はその著書『ジャコバン主義の歴史のための覚え書き』（*Mémoires pour Servir à l'Histoire du Jacobinisme*, 1798）によって、フランス革命は秘密結社フリーメーソンの陰謀工作によるものであるという説を開陳した。神父がフリーメーソンを「オーサー」に見立てるのを止めて、ユダヤ人主犯説に宗旨替えするのは晩年になってからのことである（それは差出人のはっきりしない一通の手紙による「回心」の結果である）。私たちはこの変節を笑うより先に、どうして、それほど容易に神父は自説を覆すことができたのかを疑うべきだろう。

私たちがこの事例から学ぶことができるのは、陰謀史観論者にとって、優先するのは「オーサーが存在する」というスキームそのものであって、「オーサーが誰であるか」ということには副次的な重要性しかないということである。

すべての悪を一身に集約しているせいで、その社会集団を排除すれば社会システムの不調はすべて回復するという信憑が存在することそれ自体が第一次的に重要なのである。そのような社会集団が「存在する」ということについての社会的合意さえ成立すれば、それが「誰か」ということについては、つまり、「ペニーが投じられた」ということについての合意さえ成り立てば、「何がペニーだったのか？」という問いについては諸説が併存することはほとんどノープロブレムなのである。

フランス革命の「オーサー」が誰かを問うときに、一番合理的らしく思えた推論は「フランス革命による最大の受益者は誰か？」というものであった。革命で一番利益を得たものが革命の張本人であるというのは「ペニー・ガム法」的推論の典型である。

私たちは「ある出来事の受益者がその出来事の企画者である」ということは論理的には成り立たないことを知っている。本邦には「風が吹けば桶屋が儲かる」という俚諺《りげん》がある。桶屋は風の「受益者」ではあるが、風の「張本人」ではない。しかし、フランスの反ユダヤ主義者はそういう考え方を採用しなかった。十九世紀フランス最大のベストセラーであり、近代反ユダヤ主義の古典であるエドゥアール・ドリュモンの『ユダヤ的フランス』は次のような唐突な断定から始まる。

「フランス革命の唯一の受益者はユダヤ人である。すべてはユダヤ人を起源としている。だから、すべてはユダヤ人に帰着するのである（tout vient du Juif; tout revient au Juif.）。これはある醜悪な小集団による多数の隷属化である。（……）

その手口は多種多様であるが、めざすところは一つ、征服である。征服とは、要するに一国民全体がある異邦人のために労働し、巨怪なる財政的搾取システムによって、人々の労働の成果が収奪される、ということである」[1]

ドリュモンは「桶屋が風による最大の受益者である以上、桶屋が風を起こしたと考えねばならない」という推論からその千二百頁の大著を書き起こした。最初の頁の最初の行からすでに論理的に破綻しているわけであるから、その思想の当否について論じるのは一〇〇パーセント時間の無駄であるが、それにもかかわらずこの著作が（数多くの知識人を含めて）フランス人読者に歓呼を以って迎えられた以上、そこには人々を惹きつけた「何か」があると考えるべきだろう。私はドリュモンの知性の不具合について議論することには興味がないが、ドリュモンのどこが人々を惹きつけたのかについてはたいへん興味がある。

　エドゥアール・ドリュモンは硬骨のジャーナリストで、はじめ『自由』紙に拠って第三共和政のブルジョワ政治家たちに仮借ない筆誅を加えていた。そして、あまりに政治家たちの出来が悪く、あまりにビジネスマンたちのやりかたが不道徳なので（実際、第三共和政期というのは、パナマ事件をはじめとする疑獄事件が続発したフランス史でもまれな「モラル・ハザードの時代」であった）、これは個人の水準の問題ではなく、システムそのものが腐敗を生み出す構造になっているからだと推論するに至った（この推論は間違っていない）。そして、この構造的破綻の多様な形態（ブルジョワの腐敗、王党派の惰弱、軍人の弛緩、労働階級の未成熟）のすべては単一の有責者による陰謀のせいだと考えた（この推論は間違っている）。

　ドリュモンはその「単一の有責者」を探り当てるべく、さまざまな出版物を読み、街のうわさ話を収集し始めた。彼が精査したデータの中には、おそらくバリュエルの書物や、先駆的な反ユダヤ主義者であったアルフォンス・トゥースネル Alphonse Toussenel（一八〇三-八五）の『ユダヤ人、時代の王』（*Les Juifs, Rois de l'Époque*, 1845）やアンリ＝ロジェ・グージュノー・デ・ムーソー Henri-Roger Gougenot des Mousseaux（一八〇五-七六）の『ユダヤ人、ユダヤ教及びキリスト教国民のユダヤ化』（*Le Juif, le Judaïsme et la Judaïsation des Peuples Chrétiens*, 1869）などの書物が含まれていたと思われる。それらの先駆的研究を通読した後、ドリュモンは「社会が腐敗堕落するのはその事実から受益している単一の張本人の陰謀によるものである」という手荒な陰謀史観に近代的なファクターを一つだけ付け加えた（そのせいで、彼の著書は膨大な頁数になってしまったのだが）。それは、特定の受益者がいくつかの事例において繰り返し現れる場合、その受益者はすべての出来事から受益していると推論できるというものである。

これが近代反ユダヤ主義の科学性を担保しているところの帰納法的推論である。

帰納法的推論というのは、いくつかの単称言明（「P1はQである」「P2はQである」「P3はQである」……）を列挙した後（このリストには終わりがないので、実際には「列挙に飽きたときに」）「すべてのPはQである」という全称言明を導く推論形式のことである。

帰納法の長所は、一度仮説を立てた後は、その仮説に合致する事例だけを選択的に収拾すればよいので、知的負荷が少ないということにある。帰納法の欠点は、一度仮説を立てた後は、その仮説に合致しない事例から観察者は無意識に視線をそらすことができるということである。チャールズ・ダーウィンは自分の理論に合致しない事実は必ずノートに記録しておくルールを自らに課していたが、それは自説に合致しない事実はかの天才の記憶力をしても長くとどめることができないことを彼が知っていたからである。

帰納法的推理の最大の欠点は、かりに過去のすべての事例に当てはまる法則があったとしても、それが未来の事例にも当てはまるかどうかを権利的には言うことができないということにある。デヴィッド・ヒュームという哲学者がいて、彼は「前日まで毎日太陽が東から昇ったという事実は、翌日も太陽が東から昇るであろうという予測を基礎づけない」と言ったことで知られている。たしかに、ヒュームの言うとおり、今夜彗星が地球に衝突して地球が砕けた場合太陽は東から昇らない。太陽がその寿命を終えて最後の光を放って消えた翌日も太陽は東から昇らない（そのときには「翌日」という概念も同時になくなる）。「私が今日まで生きてきた」という事実に基づいて、「私が明日も生きている蓋然性は高い」と言うことはできるが、「私は明日も生きている」と結論することはできない。

帰納法的推論の致命的な欠点は「未知のファクターの関与」や「既知のファクターの未知のふるまい」を想定しない点にある。そして現実には、私たちの社会で起こる事象のほとんどは（株式市場における投資家のふるまいから、受験市場における受験生の大学選びまで）、わずかな入力差が大きな出力差をもたらす「複雑系」なので、帰納法的推理はあまり役に立たない。

しかし、帰納法的な推理は十九世紀的パラダイムの内部においては合理的なものとみなされていたことを忘れてはならない。その時代においてもっとも合理的に思考することで知られていたある政治思想家は次のような綱領的文章を力強く書き記している。

「今日まであらゆる社会の歴史は、階級闘争の歴史である。

自由民と奴隷、都市貴族と平民、領主と農奴、ギルドの親方と職人、要するに圧制者と被圧制者はつねにたがいに対立して、ときには暗々のうちに、ときには公然と、不断の闘争をおこなってきた。この闘争はいつも、全社会の革命的改造をもって終るか、そうでないときには相闘う階級の共倒れをもって終った[2]」

マルクス＝エンゲルスは階級闘争の個別的事例をここで四つ挙げたのち、ただちに「要するに」ということばを一つはさむだけで全称言明「あらゆる社会の歴史は階級闘争の歴史である」に到達した。

もちろん、この推論は間違っている。

ヨーロッパの歴史上に四つ階級闘争が存在したことから、「あらゆる社会」に階級闘争が存在することは論理的には導くことができない。階級闘争を経験しないまま社会的変動を経験した社会がどこかに存在する可能性は、ヨーロッパに四つの階級闘争が存在した事実によっては排除されない。現に、それから百年後には、「階級闘争」も「歴史」も持たず、新石器時代以来同じ仕方で生きてきた社会集団さえ地球上にはいくつも存在していることをクロード・レヴィ＝ストロースは証明してみせた。

マルクス＝エンゲルスは「あらゆる社会の歴史は」という一行を書いたときに、「歴史を持たない社会」が存在する可能性を吟味しなかった。それは人類学的な知見が彼に欠如していたからというよりはむしろ、単称言明をいくら網羅的に列挙してみせても、全称言明を導くことはできないという論理学が彼の時代においては（マルクスほどの知性においてさえ）「常識」には登録されていなかったからである。

ドリュモンはさまざまな書物、新聞、街の噂話を渉猟して、「ユダヤ人が不祥事に連座した事例」を拾い集めた（この手法は、すでに社会主義者であるトゥースネルが『ユダヤ人、時代の王』で範を示していた）。すると、たしかにユダヤ人がコミットしている汚職事件やスキャンダルがどんどん出てきた。ドリュモンは「たくさんの不祥事にユダヤ人は関与している」という単称言明から「すべての不祥事にユダヤ人は関与している」という全称言明を導き出すことをためらわなかった。そして、その時代には、この論証手続きの不備を衝いてドリュモンを論破しようと試みた人はいなかったのである。

ドリュモンの反ユダヤ主義について指摘し忘れてはならないことの一つは（バリュエル神父

と同じく)、彼がユダヤ人張本人説を採用したのはかなり後年になってからのことだという事実である。

「ドリュモンはその主著の出版以前には、反ユダヤ主義的なことばを口にしたことが一度もなかった」とドリュモンの親しい友人であったレオン・ドーデ Léon Daudet（一八六七－一九四二）は証言している。[3]

　まず、「陰謀史観」というスキームがあり、次に、その条件に合いそうな「犯人」が仮説的に指名され、その後に、「犯罪」の原-事実が「発見」されるという(通常の推理小説とは)順逆が転倒した仕方で近代反ユダヤ主義は理論化された。

　まことに不思議なことに、ドリュモンの本が出たあと、「あなたの本のおかげですべてが分かりました。どうもありがとう!」というお礼の手紙が出版社に殺到した。ドリュモンはその礼状だけを集めてさっそく同じ年のうちに本を一冊書き上げた(『世論の前の「ユダヤ的フランス」』*La "France Juive" devant l'Opinion*, 1886 がそれである)。だが、よく考えてみると、「お礼の手紙」が殺到したというのもずいぶん奇妙な話だ。というのは、「犯人を名指ししてくださってありがとうございます」ということばは、それまで犯人が誰だか知らなかった人間しか言わないものだからである。つまり、ドリュモンが明らかにするまで、その事実はフランス国民には周知されていなかったのである。だが、どうして天下周知の「犯罪」が眼前で行われ、天下周知の「犯人」がその場にいながら、それまで誰もそのことに気づかずにいられたのであろう。

ドリュモンはこの難問にやすやすと回答する。ユダヤ人がフランスを支配していることをフランス人は知らずに来たのはなぜか？　ドリュモン自身さえ四十歳を越すまでそれに気づかなかったのはなぜか？

それは「フランスのすべての新聞、すべての出版機関はユダヤ人の手のうちにあるか、間接的にユダヤ人に依存している」からなのである。[4]

ドリュモンが働いていた『自由』紙にしてから、イサク・ペレイールというユダヤ人が経営する新聞社だったのである。つまり、ドリュモン自身「ユダヤ人の手のうちにある」メディアに取り込まれて、フランス人が「ユダヤ人の手のうちにある」ことを組織的に見落とすような世論操作に加担してきたというのである！

たしかにそれほど構造的に「犯罪事実」が隠蔽されていたのであれば、世人がこれに気づかずに来たことは怪しむに足りない。

「私だって騙されたくらいなのだから、みなさんが騙されたのも当然である」という論拠によってユダヤ人の陰謀の徹底性を証明するという捨て身の大技は（おのれの愚鈍を論拠にしておのれの炯眼を証明するわけだから）かなり危険なものである。だが、いったんこのロジックが使えるということになると、世の中の話はたいへんに簡単になる。というのは、ある人を犯人だと名指す証拠が何一つなかった場合は、「その人物を犯人とする証拠がみつからない」という事実そのものが、その犯人が「証拠を組織的に隠滅できるほどの恐るべき権力を保持していること」の動かぬ証拠となるからである。つまり、どんな人間がどんな様子をしていてもすべては有罪性の徴候として解釈できるのである。ドリュモンが採用したのは、まさにこの「全天候型」ロジックだった。

「ユダヤ人が犯人である」という裁定は下され、犯意の挙証（とこれが呼べるものなら）も終わった。残る仕事は「事件」探しだけである。

フランスの社会システムがうまく機能していないのはすべてユダヤ人の責任と話は決まったのであるからこの仕事は簡単だ。ドリュモンは上下二巻千二百頁の本を書いたが、もちろん五千頁の本でも一万頁の本でも彼は書くことが可能だった。ある社会が「うまく機能していない事例」は探せば無限にあるからだ。ドリュモンがとりあえず筆を擱《お》いたのは、それ以上厚い本を出す経済的余裕がなかったからに過ぎない（売れそうもなかったので、初版の出版費用の一部を自費負担することを出版社は求めたのである）。

この奇想天外な書物はそれにもかかわらず出版後一年間で百十四版、一九四一年までに二百一版を重ね、十九世紀フランス最大のベストセラーとなった。

私たちはこう問わなければならない。どうしてこんなものが売れたのか？　どうして文明の花咲く十九世紀末フランスにこのような荒唐無稽な社会理論が根づくことができたのか？

その理由が説明できない限り、近代反ユダヤ主義について、私たちは何一つ分かったことにならない。

『ユダヤ的フランス』が爆発的セールスを記録した時期は先に触れた『シオン賢者の議定書』の流布の時期とほぼ重なっている。だから、この時期のヨーロッパに、この種の「物語」に対する大衆的なニーズが存在していたということ、これは間違いのないところである。

では、十九世紀末のヨーロッパの人々はいったいどのような「物語」を求めていたのか？

3　『ユダヤ的フランス』の神話

『ユダヤ的フランス』は大冊だが、その内容を要約することは簡単である。上に述べたとおり、ほとんどは週刊誌的スキャンダルの列挙であり、分析のための理論的記述にはごくわずかの頁しか割かれていないからである。

『ユダヤ的フランス』は大きく三つの主題群に分けることができる。

第一の主題群は伝統的な反ユダヤ主義的迷信妄説の類である。ユダヤ人はペストに罹らない、カトリック信者の七倍の生殖能力を有する、タルムードには「異教徒を殺し、その財産を奪え」という教えが書いてある、ユダヤ人は体臭がきつい、自分の子供を売り飛ばす、売春と高利貸しが天職であるとか、悪だくみばかりめぐらせているので脳の解剖学的組成が変化しているとか……そういう人種差別的な妄言である。

もちろん、これらはドリュモンのオリジナルではなく、先行する民間伝承の引き写しである。こんな話をいくらかき集めても、それだけでは「世紀のベストセラー」にはならない。もっと他の要素が必要だ。

第二の主題、それは、「アーリア人対セム人」の人種対立が世界史の原動力であるという「人種間戦争史観」である（これは奇しくも『共産党宣言』のスキームと軌を一にする）。ドリュモンはこう書く。

「セム人とアーリア人ははっきりと分かたれ、互いに決定的に敵対し合う人種が人格化したものであり、この両者の対立が過去の世界を満たしており、将来においてさらに世界を掻き乱すことになるであろう」[5]

アーリア人とは「白人の優性種、イラン高原に発するインド＝ヨーロッパ語族」であり、「ヨーロッパのすべての国民は最も緊密なる絆でアーリア人種に結びついており、そこからすべての偉大な文明は生まれた」[6]

一方のセム人は「もとはメソポタミア平原から出現したと思われる雑多な民族、アラム語族、ヘブライ語族、アラビア語族」[7]である。

興味深いのは、ドリュモンがアーリア人種を、どちらかといえば血の巡りの悪い、幼児的な頭脳を持った「善良な巨人」(un géant bon enfant) として描き出したことである。

アーリア人は「熱情的で、英雄的で、騎士道的で、無私で、率直で、無思慮と言っていいほど信じやすく」、いつも夢見がちで、英雄伝説や騎士物語のファンタジーのうちにまどろんでいる。彼らの天職は「農夫、詩人、修道士、なかんずく兵士」である。[8] アーリア人には現実感覚が足りないので、「アーリア人から財布を巻き上げることほど簡単なことはない」。[9]

一方、セム人は「本能的な商人で、取引こそ天職であり、交換することと、仲間を騙すことの天才である」。[10] 彼らは何一つ自分の手では作り出さず、他人が作りだしたものを横から収奪することしかできない。だが、アーリア人は搾取されているということの意味がよく分からないので（あまり頭がよくないから）、なされるがままになっている。やがて事情を理解すると怒りだし、「剣を取り、彼から搾取し、略奪し、ぺてんにかけたセム人に恐るべき罰を与える」ことになる。セム人はあわてて逃げだし、「霧の中に消え、穴に潜って数世紀先に備えて新たな陰謀をめぐらせる」のである。[11]

両者の対立は遠くトロイ戦争に遡る。つねにまずセム人が戦争を仕掛け、結局は敗北する（ハンニバルもサラディンもセム人側の「戦争仕掛人」だったのである）。軍事的対決ではアーリア人に歯が立たないと知ったセム人は、次にはユダヤ人による「アーリア人の農奴化」計画を企てる。合法的に社会に入り込み、支配階級に成り上がり、文化的資源を独占し、アーリア人の文明を破壊してしまうのだ。

「巧妙にもともとの住民をその家から追い出し、仕事を奪い、ソフトな手段で彼らの財産を根こそぎ取り上げ、ついで彼らの伝統、習俗、最後には宗教を奪い去るのである」[12]

ドリュモンは、フランス史全体をセム＝ユダヤ人によるアーリア＝フランス人の迫害と奴隷化の歴史として再解釈してみせる。フランスは十四世紀末のユダヤ人追放令によってつかのまの平安を得た。ただし、それは長くは続かない。

「この疫病の排除により、フランスはすばやく信じがたいほどの繁栄に達した。他人の労働の上に寄生するユダヤ人がいなくなれば、すべての国民は富裕とは言わぬまでも幸福となるのは道理である。一三九四年以後のユダヤ人追放期間、フランスは間断なく成長し、一七八九年、フランスがユダヤ人を呼び戻すと同時に、休みなき頽廃が始まったのである[13]」

そして、第三の主題はこのような「末世」としての歴史認識の先に登場する。

近代主義批判である。

ポスト革命期、それはそのままフランスの産業化・都市化・近代化の時代である。貨幣経済の活性化による社会の急激な変化は、革命によるユダヤ人解放と彼らの経済活動への進出と同時的に進行した。この変化をドリュモンは「労働によって正直に形成されたよい富」から「投機によって詐欺的に形成された悪い富」へのシフトと理解する。そして、一八三〇年七月王政のルイ・フィリップとともに「鋼鉄の世紀が終わり、貨幣の世紀が始まる[14]」。

「これまでわが国民は祖国と栄光と軍旗のために戦ってきた。これからのちはただイスラエルの民を富ましめるために、イスラエルの民の許可を得て、イスラエルの民を満足させるためにだけ戦うことになるのだ」[15]

パリ・コミューンの騒擾はコミューン派内部のユダヤ人とヴェルサイユ政府軍側のユダヤ人の共謀によるものであり、第三共和政は完全にユダヤ化されたブルジョワ政体であり、金権主義的フランスでは「すべては証券取引所から出て、証券取引所に帰す。すべての行為は投機に還元される」。

このドリュモンの近代社会批判は（悪いのはすべて「ユダヤ人の陰謀」という説明の部分を除くと）、今日、日本のマスメディアが垂れ流している社会批判の記事のスキームに酷似している（「ほとんど同じ」と言ってもいいくらいだ）。そこで憎々しげに語られるのは、何よりもまず、ブルジョワ的な拝金主義、成金趣味、出世主義、パリ万国博覧会に象徴される科学技術万能主義、軽佻浮薄な都市文明……に対する本能的な嫌悪と恐怖である。翻って、ドリュモンが情緒たっぷりに哀惜してみせるのは「老いも若きもが教会で一緒に祈ることによって知り合い、無数の伝統的な絆で結ばれ合い、支え合い、愛し合っていた社会」[16]である。緑滴る田園、大地に根づいた農夫の暮らし、全員が慈しみ愛し合う村落共同体、教会を中心とする敬虔なカトリック信仰、「ノブレス・オブリージュ」の美徳を体現する王侯貴紳、愛国心溢れる勇猛なる兵士……などが表象する失われた古き良きフランス。

このような反近代主義ロマンティシズムは、ドリュモン以前の反ユダヤ主義的文献には見ることができない（ドリュモンが「剽窃」したとされるトゥースネルの著作にはそのような懐古趣味は片鱗も見られない）。この懐古趣味は間違いなく、都市化・近代化の進展以後に生まれた心性である。

産業革命期以後、フランスがすさまじい勢いで近代化を遂げつつあるそのただ中で、ドリュモンは歴史の流れを逆行させるような物語を紡いでみせた。『ユダヤ的フランス』のマスセールスの最大の理由は読者の琴線に触れるこの懐古趣味にあった。私はそう考えている。

そこに伏流しているのは、変化することと進歩することへの恐怖である。奇妙に聞こえるのを承知で言えば、未来の未知性に対する恐怖である。中世とあまり変らない生活をしていた人々がわずか一、二世代の間に、現代と地続きの近代社会に投じられたのである。そのときの不安と困惑がどれほどのものか、その実感を今私たちが想像的に追体験することはたいへんに困難である。

そのような未来の未知性への本能的な怯えのうちにあるフランス人大衆の目に、ユダヤ系市民が「変化の象徴」のように映ったという蓋然性は高い。というのは、電気もガスも鉄道も自動車も新聞も……およそフランスの前近代的ライフスタイルを破壊する事業のすべてにユダヤ人はかかわっていたし、汚職政治家や怪しげな政商の中にも、およそドラスティックな社会的変化のあるところには必ずユダヤ人の影が出没していたのである。

理由は簡単である。中世的なギルドのメンタリティが残る業界はどこもユダヤ人を組織的に排除したからである。もともと農地がユダヤ人に与えられていなかった以上、既存の業種から閉め出されたユダヤ人たちには、流通、金融、運輸、通信、マスメディア、興行といった新興の業界やニッチ・ビジネスに雪崩れ込む以外に選択肢がなかった。ユダヤ人が新たな産業を興したというよりは、新たな産業を興して、需要のないところに需要を生み出す以外にユダヤ人には生計の道がなかったのである。

ドリュモンが恐れ、嫌悪をしていたのは、ユダヤ人ではなく、近代化＝都市化の趨勢そのものであった。しかし、「時間の流れ」というようなものを敵に想定して戦うことは誰にもできない。敵は可視的・具体的な人間でなければならない。「誰知らぬ者なき非行」の実行者であり、「そこからの解放が一般的自己解放と思われるよう」な邪悪な人々でなければならない。フランス革命以後の社会の変化から受益している人間でなければならない。そして、そのような条件のすべてを満たしうる社会集団は十九世紀末にはただ一つしか存在しなかったのである。

誰知らぬ者なき非行の実行者が特定されたら、次は誰がその邪悪な存在に鉄槌を下す役を引き受けるのか、それが名指されなければならない。ドリュモンはこの「救い主」指名において、その天才を発揮した。

マルクスは革命主体としてプロレタリアただ一階級を名指した。ところが、ドリュモンは二、つの社会階級を革命の主体に名指したのである。「ユダヤ化」からフランスを救うべき革命主体として二種類の社会集団を指名したそのときに、その後「ファシズム」と呼ばれることになる政治思想の原形が胚胎したのである。

　ドリュモンはこう書いた。

「もし被抑圧者たちが相互理解に達したら、彼らに共通の敵であるユダヤ人に対して抵抗を挑んだとしたら、どうであろうか？　現体制は誰の上に最も苛酷にのしかかっているだろう？　革命的労働者とキリスト教保守主義者の上に、である。一方はその生死にかかわる利害において、他方は最も大切にしている信仰において傷つけられている」[17]

　マルクスと同じく、ドリュモンもまたプロレタリアこそが革命の主体でなければならないと主張する。その尊厳も資源も洗いざらい収奪され、「自らの労働力以外に売るべきものを持たない」労働者こそ来るべき革命の主体でなければならない。

　だが、彼らだけではこの大事業は達成せられない。なぜなら、あまり苛烈な収奪によって、プロレタリアは知的・人間的資源を根こそぎ奪われてしまっているからである。彼らには情報も組織も人脈も資金も、およそ革命的活動を達成するための社会的資源が決定的に不足している。だから、プロレタリアのみにその歴史的使命を託している限り、革命は決して成就しない。労働者には「援軍」が必要だ。労働者だけによる革命という夢は「あまりに哲学的、文学的すぎる」[18]。そうドリュモンは書く。

敵は単独の階級であるプロレタリアよりも原理的に強大である。なぜならユダヤ人の間には階級対立がないからだ。ユダヤ人たちは階級を超えて統合されている。

「下層のユダヤ人たちは上層のユダヤ人たちに支援され、上層のユダヤ人たちは革命に対して安全保障されている[19]」

ユダヤ人たちのオカルト的な権力はまさにこの階級を越えた連帯によって基礎づけられている。だとすれば、これに対抗しようとする者たちもまた階級を越えて連帯しなければならない。今こそ「キリスト教の王侯、強固で寛大な理想を持った指導者[20]」が苦境にあるプロレタリアの援軍として到来すべき時なのだ。

残念ながら、その任に耐えるような「十分に勇敢な人物は貴族の間にこれまで一人もいなかった」。しかし、いずれ救い主が到来するはずである。到来しなければならない。

「遠からず、わが国民の間から、プロレタリアの難局を平和的に解決するという仕事におのれの名をとどめようというまばゆいばかりの野心を抱いた人物が登場するであろう。（……）祖国の再興のために身命を賭す、勇敢な一人の軍人がおそらくはどこかにいるはずだ[21]」

ドリュモンは「アーリア人対セム人」という古典的な人種対立図式と「ブルジョワジー対プロレタリア」という近代的な階級対立図式を混淆して、すべての社会矛盾を「反ユダヤ主義」

というただ一つの政策のうちで説明するその奇妙な書物を閉じた。そして、まるでドリュモンの懇願を天が聞き届けたかのように、世界放浪の旅から故国に戻ってきた一人の野心的な軍人=貴族が『ユダヤ的フランス』のこのくだりを読んで、そこに彼自身の歴史的召命を指し示す声を聞くことになった。

モレス侯爵という名の人物がその人である。

4 〈バッド・ランド・カウボーイ〉

ドリュモンの反ユダヤ主義が政治思想としてどのような歴史的影響を有するものであったか、その射程を検証するために、私たちはここで「世界最初のファシスト」として政治史の一隅に名を残している一人の印象的な人物の肖像画を点描してみたいと思う。

モレス侯爵 Antoine Amédée-Marie-Vincent Manca de Vallombrosa, Marquis de Morès（一八五八-九六）がドリュモンの書物を読んだのは二十八歳のときであった。

フランス王家とスペイン貴族の血を引き、教皇およびイタリア王より贈られた爵位を継承したこの青年は、少年時代から抜きんでた身体能力を示し、イエズス会の学校で初等教育を受けた後に、サン・シールの陸軍士官学校に進む（奇しくも後に対独協力のヴィシー政権の首班となったフィリップ・ペタン元帥と同期であった）。陸軍を除隊したモレス侯爵は一八八二年にカンヌでニューヨークのドイツ系銀行家の娘メドラ・フォン・ホフマンと出会い、結婚する。

妻の祖国アメリカにわたったモレス侯爵はノース・ダコタの「バッド・ランド」（Bad

Lands) に牧畜王国を築き、その収益でフランス王党派に財政援助を行うという壮大な計画を立てた。東海岸屈指の富豪であった義父からの経済的支援を受けてモレス侯爵は西部開拓事業に乗り出す。宏大な土地を買い入れ、妻の名を取ったメドラという街を建設し、そこを事業の中心として、牧畜、食肉業、冷凍牛肉輸送会社を設立、並行して鉄道、金融、倉庫事業にも進出した。

しかし、最初の華やかな成功の後、彼の事業はすべて失敗する。わずか三年でモレス侯爵は破産し、義父は資金援助の打ち切りを宣告し、モレスは全事業から撤退した。

私怨を抱く三人のアウトローに襲われたモレス侯爵は一人を殺害、一人に重傷を負わせた後、ノース・ダコタのカウボーイたちの間に忘れがたい印象を刻みつけて、八六年に新大陸を後にする。それはドリュモンの『ユダヤ的フランス』が世紀のベストセラーになった年のことである。

アメリカ滞在はモレス侯爵のうちに生涯消えることのない二つの刻印を残した。

一つは「バッド・ランド・カウボーイ」が表象する、冒険的・暴力的な男性イコンへの偏愛である。侯爵はアメリカを離れた後も、生涯ソンブレロをかぶり続け、愛用のリボルバーを手放さなかった。モレス侯爵の死後、モーリス・バレス Maurice Barrès（一八六二-一九二三）はその死を悼んでこう記した。

「自立への愛と危険への欲望、彼はそれを熱狂的に追い求め、ついにそこから逃れることができなかった[22]」

後にモレス侯爵と浅からぬ因縁でつながることになるドリュモンも、その若い友人の弔辞の中で、いささか感傷的な口吻でモレスのアメリカでの冒険をこう評している。

「君は君の冒険の幕舎を原生林の際に、半ば未開の土地に張った。そこは力だけが男の価値を決め、男が自分一人しか頼ることのできない場所であった[23]」

モレスの政治思想を理解する上で、この「マチスモ」志向を見落とすことはできない。ファシズムは思想であると同時に、あるいは思想であるより先に、一種の政治美学であった。そのことを覚えておこう。

武勲を誇る家系の末裔であり、「騎士物語最後の読者」であったモレス侯爵はみずから「騎士」をもって任じていた。しかし、老いたるヨーロッパに「真の騎士」はもう存在しなかった。彼がその転生を見出したのは（その半世紀後にレイモンド・チャンドラーがロサンゼルスの片隅に「卑しい街の騎士」を見いだしたように）、開拓時代末期のアメリカの西部の荒野のカウボーイのうちにであった。野性的で、暴力的で、廉潔で、勇敢で、義侠心に富む「バッド・ランド・カウボーイ」の群れが、十九世紀末の、老いて腐臭を発するヨーロッパ世界に馬蹄の音を響かせて乱入する。その幻想的イメージにモレス侯爵は取り憑かれたのである。

アメリカがモレス侯爵に残したもう一つの刻印は、彼の事業を破滅に導いた大手の鉄道会社と食肉業者に対する拭いきれない怨恨である。

ノース・ダコタでモレス侯爵が起業した食肉ビジネスは、牧畜から輸送までのプロセスに中間業者を入れず生産者と消費者を直結することで高品質低価格の牛肉を提供することを目指していた。これは食肉の流通を支配し、価格を操作していた鉄道会社と食肉業者に対する野心的な挑戦であった。モレス侯爵自身はこの戦いにおいて、農民の側に立って、「悪徳商人」たちの収奪に抗する「勇敢で寛大な騎士」におのれを擬していた。私利私欲のためではなく、貧しい農民を搾取から救うために戦ったあげくに、団結した資本家たちの策謀によって破産に追いつめられた不運な騎士として破産の自己史を総括したときに、モレスは十九世紀的な（やや歪んだ）意味での「社会主義者」になっていた。

義侠心にあふれた荒野のカウボーイ＝騎士であり、かつ大資本の搾取と戦う正義の社会主義者であるという二重の自己規定によって、モレス侯爵はこの時代に、彼以外の誰にも代替しえないような特殊な立ち位置を手に入れた。それが何を意味するのかを彼自身が自覚するためには、まだいくらかの迂回が必要であった。

北米での失敗の後、モレス侯爵はオルレアン公とともにインドシナで虎狩りに興じた。そして、このとき足を踏み入れたアジアの「荒野」が再びモレス侯爵の野心に火をともす。モレス侯爵はインドシナ半島での鉄道敷設のビジネスを思いついたのである。友人たちから資金を借り集め、植民地官僚への根回しも済ませ、周到な準備を行ったにもかかわらず、この事業もまた唐突に破綻することになった。鉄道計画のパートナーであった植民地官僚が本国の政変によって一斉に召喚されてしまったからである。当局の支援を失ったモレス侯爵は、後から参入した事業家に計画を奪われてしまう。モレス侯爵がフランス国内の政局に関わりを持つことになったこれが最初の経験である。

モレスのビジネス・パートナーたちを本国召喚したのはインドシナ総督のコンスタン Jean Antoine Ernest Constans（一八三三-一九一三）という人物であり、この人事異動は多分に報復的なものであった。ブーランジスト（Boulangiste）の粛清である。

ブーランジストとは、ジョルジュ・ブーランジェ将軍 Georges Ernest Jean-Marie Boulanger（一八三七-九一）のカリスマ性を触媒として、第三共和政に対抗する勢力（王党派から極左まで）を大同団結した反体制運動の支持者たちのことである。

ドイツに対する強硬姿勢で「復讐将軍」の異名を得て、国民的人気を集めたブーランジェ将軍は、下院議員に選出され、八九年、将軍の支持者たちは第三共和政の転覆を画策した。しかし、将軍が決断をためらううちにクーデタの機は逸され、のちに将軍は内相コンスタンの恫喝に屈してベルギーに亡命し、愛人の墓の前で銃弾を頭に撃ち込むというアンチクライマックスな死を迎えることになる。

　まだブーランジェ将軍が存命で、そのポピュラリティが絶頂期にあったころ、ブーランジスムを抑え込むために政府が登用したのがさきのコンスタンである。インドシナからの植民地官僚の召喚は、コンスタンによるブーランジストの組織的分断という政策的文脈の中で起きた。モレス侯爵はブーランジスト粛清という国内政局に知らないうちに巻き込まれ、二度目の冒険的事業を破綻させられたのである。結果的に侯爵はブーランジストに心情的共感を寄せ、コンスタンに私怨を抱き、第三共和政に対する反感を募らせることになった。

　クーデタ前夜を思わせる熱気をはらんだパリに、復讐の憎しみをたぎらせて「バッド・ランド・カウボーイ」が帰国する。やがて人々は彼の登場が「フランスの反ユダヤ主義の歴史の上で決定的な事件[24]」であることを知ることになる。

　モレス侯爵は八九年の代議士選挙でコンスタンの地盤であるトゥールーズから出馬したブーランジストを応援して、湯水のように金を使った。そればかりか、選挙運動にリボルバーを携行して、威嚇を行ったかどで逮捕されている。「金」と「拳銃」に象徴されるモレス侯爵流の政治スタイルのこれがデビューである。

　この型破りの活動家の勇名はたちまちブーランジスト陣営全体に広がり、反体制運動各派の幹部たちはこのとき「モレス侯爵」という名を記憶に刻みつけた。

八九年四月、ブーランジェ将軍がベルギーに亡命すると同時に、もともと烏合の衆にすぎなかったブーランジスムは一朝にして退潮の気配を見せ始めた。その中で一人気を吐くモレス侯爵におのずと人々の期待のまなざしは集まった。その期待に応えて、モレス侯爵はこの悪戦の戦場に頼もしい味方を引き込んだ。エドゥアール・ドリュモンと彼の率いる反ユダヤ主義者たちである。

5　騎士と反ユダヤ主義者

モレス侯爵とドリュモンの出会いを叙すためには、時間を少しだけ遡る必要がある。

ノース・ダコタとインドシナで二度事業に失敗したモレス侯爵は、この時代の推論形式（私たちが先に「ペニー・ガム法」と呼んだもの）に則って、彼の不幸な失敗の「単一の原因」を探そうとした。もし、北米とインドシナにおいて彼のビジネスを失敗に導いた人間たちとフランスにおける政治的敵対者が「同一の陣営」に属しているとすれば、彼の失敗のすべては論理的に説明可能となる。ドリュモンの『ユダヤ的フランス』はまさしくモレス侯爵が喉から手が出るほど求めていた「すべてを説明する物語」を提供してくれた。

「モレスは一八八六年に彼の不運のすべてを『ユダヤ的フランス』のうちに見出した。ユダヤ人の魔手が彼の不運を用意したのだ[25]」

ドリュモンの書物は、アメリカにおける彼の破産は「ユダヤ人の食肉業者と金融業者」によって工作され、トンキンでの鉄道敷設の夢は「ユダヤ人技術者」によって盗まれ、トゥールーズでの選挙の敗北は「ユダヤ人の知事」の介入によってなされたのであると信じ込ませた。[26] モレス侯爵は一読して、ドリュモンの反ユダヤ主義のうちに彼の個人的不幸のすべてを説明する「統一理論」を発見したのである。

私たちが先に引用した「祖国の再興のために身命を賭す、勇敢な一人の軍人がどこかにいるかも知れない」というドリュモンの予言をモレス侯爵がどれほどの感動をもって読んだかは想像に難くない。ブーランジェ将軍亡き後、この予言が名指す「キリスト教貴族」は自分以外にありえない。おそらく侯爵はドリュモンの書物のうちに「天命」の声を聞いたのである。

「ブーランジスム」の若き幹部となったモレス侯爵の最初の重要な仕事はブーランジスムと反ユダヤ主義を媒介することであった。ドリュモンはそれまでこの反体制運動に距離を置いていた。その理由はブーランジェ将軍の側近に、アルフレッド・ナケ Alfred Naquet、イルシュ男爵 baron de Hirsch、コルネリウス・ヘルツ Cornélius Herz といったユダヤ人政商たちが存在していたためである。しかし、将軍の死後、将軍のカリスマに代わる新しい大衆動員のファクターを探し求めていたブーランジストにとって、「世紀のベストセラー」を売り出したばかりで、左右両翼にまたがる国民的人気を集めているドリュモンの援軍は魅力的なものに映った。

両者の最初の（そして結果的には最後の）同盟は、九〇年一月十九日、ブーランジスト左派のフランシス・ロール Francis Laur の再選のためのヌイイーでの集会において実現した。この集会がフランスにおける「政治的反ユダヤ主義の出発点[27]」となる。

集会の主催者はドリュモンを総裁に頂く「フランス反ユダヤ国民同盟」(Ligue Nationale Antisémitique de France)、集会の目的は極左から極右まで、貴族から労働者までを、反ユダヤ主義というただ一つの政治的綱領のうちに「融合」させることにあった。

「モレスの采配の下、ヌイイーで開かれたこの示威運動は、二つの運動を融合し、若き貴族と労働者たちの新しい党派を建設するために計画された[28]」

集会にはモレス侯爵をはじめとする王党派の貴族たち、ポール・デルレード Paul Déroulède (一八四六-一九一四) を初めとするブーランジスト、反ユダヤ主義者が並んだ。ドリュモンはその時の様子をこう描写している。

「その家名がフランス史のもっとも輝かしい頁を想起させる名門の貴族たちが、同胞のように労働者にまざりあい、愛国心と正義感の高揚によって労働者たちと和解した姿がそこには見られた[29]」

黒服を身につけ、襟にクチナシの花を飾って登壇したモレスは、このときの講演者たちの中で最も重要な、そしておそらく最も過激なスピーチを行った。彼はこう語ったのである。

「同志諸君。時代は暗い。フランスはあらゆる献身を必要としている。貴族と平民が戦場でその血を混ぜ合わせた往時にならって、我々もまた祖国フランスのために肩を並べて戦おうではないか。祖国は今やユダヤ人のために破滅に瀕している」[30]

戦いの先頭に立つことを責務とする貴族と革命的労働者の「融合」。ヨーロッパにおける「ファシズム」の原型はこのときヌイイーで誕生したのである。

しかし、歯に衣着せる術を知らないドリュモンが九〇年三月の『最後の戦い』でブーランジェ将軍に仮借ない筆誅を加えたことで、反ユダヤ主義とブーランジスムの蜜月はわずか二ヶ月で終わる。ドリュモンは惰弱を許すことのできない人であったので、ブーランジェ将軍を「口先だけで男らしい決断に耐えぬ人物」と酷評し、「将軍の亡命以後、ブーランジスムは茶番と化した」[31]と評して、ブーランジストを激昂させたのである。

ドリュモンをブーランジスト陣営に呼び込んだモレス侯爵もこのときに陣営内部で微妙な立場に追い込まれる。同年四月のパリ市議選にドリュモンとモレスはともに立候補したが、ブーランジストの選挙妨害に遭って惨敗を喫することになる。この落選がよほど腹に据えかねたのか、後年ドリュモンは選挙を総括して恨み言を書き連ねている。

「いっとき国民精神を体現しているかに見えたブーランジスト一党は我々との共闘を拒んだ。彼らはメイエル、ナケのような人物に操られるがままになっている。ユダヤ化（enjuivé）されると同時にブーランジスムは堕落したのである」[32]

6　モレス盟友団と個人的な戦争

モレス侯爵はブーランジスムと離れた後に、アナーキズムに急接近する。選挙より街頭闘争、投票より銃弾という直接主義はもともとモレス侯爵の気質にかなったものだった。モレスはアナーキストの集会に出席して、パリ・コミューンの伝説的闘士ルイーズ・ミシェル Clémence Louise Michel（一八三〇−一九〇五）と肩を並べて登壇し、「既成体制に反対するすべての階級の統合」[33]を訴えた。

九〇年五月一日のメーデーにモレス侯爵は四万人の失業者を組織した一大示威集会を企画した。前年のブーランジストのクーデタ未遂の記憶が生々しかった政府当局は、「争乱、殺人、略奪、武装蜂起教唆」の罪で彼を逮捕した。モレス侯爵にそこまでの政治力があったかどうかは疑わしいが、とりあえず政府当局はモレスをブーランジェ将軍亡き後のもっとも危険な政治的扇動家の一人としてマークしていた。モレスはこのとき三ヶ月の禁固刑を受けることになった。

だが、この裁判の過程で、彼にとって致命的なスキャンダルが発覚することになった。四月のパリの市議選挙にドリュモンともども出馬したときに、モレスがユダヤ人政商アルチュール・メイエル Arthur Meyer から五千フランの選挙資金の供与を受けていたことが暴露されたのである。

ブーランジスムそのものはもともと反ユダヤ主義的な運動体ではなく、(ドリュモンが非難したとおり)多くのユダヤ人政商をメンバーに含んでいた。ブーランジスム運動の中でモレスも必然的にユダヤ人たちと接触を持つことになった。モレスがどういう気持ちでユダヤ人政商からの献金を受け取ったのかはわからない。「ユダヤ人を利用する」つもりであったのかも知れないし、あるいはユダヤ人たちが彼から「搾取」していった莫大な財産の一部を「奪還」するつもりだったのかも知れない。この資金問題についてモレスは一言の弁明もしていないので、その理由は知られていない。

しかし、この事実が暴露されたことでモレス侯爵の政治的キャリアには癒しがたい傷が残った。ドリュモンもことの筋目からして、この年若い盟友との友情を清算することを余儀なくされた。

九〇年十一月に出獄したとき、モレス侯爵を迎え入れる政治組織はもうどこにも存在しなかった。政治活動を続けるためには、モレスには自分だけのための政治組織を自らの手で結成する以外の選択肢は残されていなかった。こうして彼は自己資金と個人的人脈だけで、彼の個人的な「突撃隊」であるモレス盟友団（Morés et ses amis）を結成することになる。一八九一年三月、こうして世界最初のファシスト武闘組織が誕生する。

モレス盟友団の構成員は「老いたる革命家、かつてコミューンで闘った社会主義者、除隊したばかりの若者、ごろつき、『永遠のブーランジスト』たち」、そして組織の中核をなしたのはラ・ヴィレット（La Villette）の食肉処理場の肉屋たちであった。

ラ・ヴィレットの肉屋たちが伝統的にどのような政治的傾向をもつ社会集団なのか、そもそも徴候的な政治的傾向を有しているのかどうかさえ私は知らない（そのような研究のあることも知らない）。しかし、ギャスパール・ノエ Gaspar Noé の他ならぬラ・ヴィレットの肉屋を主人公にした二本の映画（『カルネ』Carne, 1991 と『カノン』Seul contre Tous, 1998）を見ると、このエリアにはある種の暴力的な政治性が瘴気のように立ちこめていることが感知される。生きた獣を殺すことのうちに深い愉悦を見いだしていた天性の狩猟家であるモレス侯爵は、ラ・ヴィレットの肉屋たちのうちに、彼の性向への理解者を見いだしたと信じたのかもしれない。

とにかく、彼は豊かな政治資金にものを言わせて、暴力的抗争をも辞さない反体制的政治結社を立ち上げたのである。

「モレスはつねに先頭に立ち、自分のポケットから金を払い、次々と大胆な計画を試み、人々の心に強い印象を残した」[34]
モレス盟友団は情宣活動にとどまらず、「勇猛な街頭闘争、ユダヤ教儀礼への乱入、反ユダヤ主義集会における反対派への恫喝[35]」を通じて、その名を知られていった。モレス盟友団の特徴は、何よりもまず、ある種の「政治美学」へのこだわりにあった。
モレスは大衆動員に必要な政治的インパクトは、綱領の整合性や党派の組織性よりもむしろ活動形態の情緒的・審美的喚起力にあることを洞察していた。彼は団員たちにイデオロギー的な一致を必ずしも求めなかったが、制服の統一はこれを厳命した。ソンブレロと紫色のカウボーイ・シャツ、それがモレス盟友団の団員が着用を命じられた制服である。それは「筋骨逞しい団員たちに、ある種の集団帰属意識をもたらした」のである。[36]近代の政治扇動家の中で、「制服」と「筋肉」の審美的インパクトを利用することを着想した点で、モレスはおそらく最初の人である。この炯眼においてモレスはムッソリーニとヒトラーの先駆者である（この年の秋のシーズン、パリのファッション界はサファリジャケットにカウボーイ・ハットというコーディネイトに「モレス」という名前をつけて売り出した）。
もう一つの政治美学は「血」への好尚である。モレスは裁判以来、反ユダヤ主義運動とは疎遠となったがドリュモンとの個人的親交は続いていた。ドリュモンは九二年に反ユダヤ主義の日刊紙『自由公論』（La Libre Parole）を創刊する。そこで展開したユダヤ系将校への非難キャンペーンに端を発したトラブルで、ドリュモンは幾度か決闘を挑まれた。このとき、極度の近視で、武芸の素養の全くないドリュモンに代わってモレスは現役の軍人たちを相手にして何度も剣や銃をまじえ、恐るべき勇猛さを発揮した。同年六月二十三日にはついにアルマン・メイエル Armand Mayer 大尉を決闘で殺害するに至る（起訴猶予）。決闘という手荒な政治的パフォーマンスによって、一度は輝きを失ったモレス侯爵のポピュラリティは回復の兆しを示す。しかし、九三年に、パナマ運河事件における贈賄工作の中心にいたコルネリウス・ヘルツから二万フランの借財を負っていたことがジョルジュ・クレマンソー Georges Clemenceau（一八四一–一九二九）によって暴露され、再び政界復活の芽は摘まれてしまう。

モレスは賭博の借金の返済に窮してヘルツに融資を申し込んだのだが、ドリュモンの『自由公論』から執拗な攻撃を加えられていたヘルツは、恨みを晴らす好機と見て、借金の保証人にドリュモンを立てることを条件にしたのである。ドリュモンは友人のためにこの屈辱的な条件を受け容れ、同時にモレスに絶交を宣言した。

モレス侯爵はこうしてフランスにおける二度目の、そして致命的な政治的失墜を味わうことになった。もはや彼のための政治活動の場はフランスのどこにも残されていなかった。モレスは（かつてアメリカやインドシナでの失敗のあと、そこを立ち去ったように）フランスを立ち去ることになる。

次の目的地はアフリカの「バッド・ランド」である。

フランスは当時アフリカにおいて英国と激しい植民地争奪戦を展開していた。モレスはこの戦いに身を投じて、英雄的な業績を挙げ、失った名声を奪還しようと考えたのである。「サハラの主要な部族の首領たち、イスラムの主要な信徒団体の指導者たちと連携し[37]、「英国を地中海から駆逐するための新しい十字軍[38]」を創設すること。このプロジェクトはその二十年後に、若い英国人がアラビア半島で試みた個人的な戦争を想起させる。英国人の名前が今に記憶され、モレス侯爵の名が今に伝わっていないのは、その構想においてはひとしく荒唐無稽なものと思われたこの個人的な戦争をトマス・エドワード・ロレンス Thomas Edward Lawrence（一八八八－一九三五）大佐は軍事的勝利で飾ることができたからである。

モレスは二年にわたる現地探検ののち、九五年に資金援助を求めて一時帰国する。だが、当然ながら彼の冒険的プロジェクトに投資する人間はフランスには一人もいなかった。失意のうちに九六年モレスは「英国との個人的な戦争」を完遂すべく、再びアフリカに戻る。

「北アフリカのフランス当局から何の援助も得られぬまま、現地事情や言語や住民についての経験を欠いたまま、冒険の旅に出立した[39]」モレスは同年六月九日、サハラを南下する旅の途中、彼が携行している金を狙った同行の現地人の裏切りに遭って殺害された。死ぬ前に彼は四人を道連れにしている。

「その死のときまで、彼は獅子のように美しく、勇猛であった」という賛美の言葉を以てモーリス・バレスはモレスの死の記述を終えている。[40] 未亡人となったメドラは殺人犯の逮捕と遺体の回収に巨額の懸賞金をかけ、探索のために「バッド・ランド・カウボーイ」たちをアフリカに送ろうとさえした。のちに遺体は発見され、七月十六日にパリのノートルダム寺院で葬儀が行われた。ドリュモンとバレスが弔辞を読み上げ、大統領フェリックス・フォール Félix Faure（一八四一-九九）も葬列に連なった。享年三十八。墓は妻とはじめて出会ったカンヌにある。

7 起源のファシズム

モレスの政治思想（そのようなものがあるとすれば、の話だが）を遺された一編の政治的パンフレットのうちに読んで、この短い肖像を仕上げることにしたい。パンフレットは一八九四年、つまり彼がフランスを去って英国との個人的戦争の準備をしていた時期にマルセイユで出版されたものである。

その中でモレスは九〇年代のフランス政治を次のように概観してみせる。

「ユダヤ人とその同盟者であるオポルチュニスト、贋保守派は、議会内ではラディコー、集産主義的＝国際主義的社会主義者と対立し、結束しているが、私はそのいずれの側にも真のフランスを見いだし得ないし、いずれのグループにも与する気がない。（……）第一のグループには臆病者、とんま、茶坊主、泥棒が集まり、第二のグループはキリスト教を迫害する反自由主義的な党派的対立の上に連携が成立している。いずれも背後にはフリーメーソンがいる」[41]

思わず脱力してしまうほどに政治センスのない分析だが、とりあえずモレスにとって「政治的正しさ」というものが属人的なものであると理解されていることがわかればよい。政治家がたとえ「臆病者、とんま、茶坊主、泥棒」であっても適切な政策的選択を行う可能性をモレスは想定していない。

モレスはもちろん社会のラディカルな変革を望んでいる。しかし、それは「世襲的な、父祖伝来の性格と慣習に一致したかたちで[42]」遂行されなければならない。変革は必要だ。だが、それはフランス固有の風土にふさわしい、伝統に源泉をもつものでなくてはならない。フランスの「国体の精華」を明徴化し顕現するものでなければ、いかなる変革の試みもフランスの大地に根づくことはできないであろう。

モレスの言う「真のフランス」という概念は、そのあと「アクシオン・フランセーズ」(Action Française) のシャルル・モーラス Charles Maurras（一八六八―一九五二）（ドリュモンが政治的影響力を失ったあとの一九一〇年代の政治的ヒーロー）やティエリ・モーニエ Thierry Maulnier（一九〇九―八八）（モーリス・ブランショ Maurice Blanchot の極右時代の思想的同伴者）の「国民革命論」を経由して、おそらく今日でもフランスの右翼思想の中に脈々と息づいている。

モーラスによれば、「国」という名詞は峻別すべき二つの境位を含んでいる。「深層のフランス」(la France profonde)、あるいは「真のフランス」は「フランスの大地、その真理、その血、その豊かなニュアンス、その好尚、その感情」[43]を意味しており、「擬制のフランス」(la France légale) は、そのみずみずしい自然発生性の上に覆い被さり、それを窒息させているシステムを指している。だから、真正のナショナリストにとっての戦いは、いずれもが「フランス」を名乗るふたつの境位——表層と深層——の間で展開することになる。

これは私たち日本人にはあまりなじみのない政治闘争のスキームである。私たちは（おそらく列島住民であるという地政学的特殊性ゆえに）、「私たち」と「よそもの」の間の水平的な距離を強く隔絶と感知することでナショナル・アイデンティティを立ち上げるという操作になじんでいる。しかし、ヨーロッパではいささか様子が違うらしい。

古代以来、国境線の描き直しを繰り返してきたヨーロッパの諸国民は、ウェストファリア条約に始まる「近代国家」システムの構築後も、国境線の「こちら」と「あちら」の地理的切れ目（それはしばしば一本の川や一つの峠にすぎない）が決定的な断絶であると実感することに困難を覚えてきた（現に、国境近くでは言語がまざりあい、習俗がまざりあい、心性がまざりあっている）。

おそらくそれゆえに、彼らはナショナル・アイデンティティの指標としては、「水平方向」（遠近）の隔たりよりもむしろ、「垂直方向」（深浅）の隔たりを優先させるという戦略を選択したのである（たぶん）。だから、同じ一つの街の中に、同じ言語を語り、同じ市民権を有していながら、「真のフランス人」と「擬制のフランス人」がいることになる。フランスの「大地と血」を正しく継承しているせいで「フランス的ニュアンス」が分かるフランス人と、国籍や市民権は有しているが、「フランス的なニュアンス」がわからないフランス人がいる。真の対立はこの同一名称を掲げる二つの集団の間の「正統性」の争奪戦として展開する。

この「深／浅スキーム」は十九世紀にドリュモン、モレス侯爵、バレスらによって政治的公式として定式化され、以後モーラス、モーニエ、そしてドリュ・ラ・ロシェル Pierre Drieu La Rochelle（一八九三－一九四五）やモーリス・ブランショにまで連綿と受け継がれて、大戦間期の「フランス・ファシズム」の基本的話型となるのだが、その歴程をたどるためにはまた別の長い話を語らなければならない。私たちはとりあえずモレス侯爵のいう「真のフランス」が、彼の（それほど活発には活動しない）知性においては、「フランスの身体」というふうに観念されていたことを確認しておこう。

思想は身体を持たなければならない。「政治的正しさとは属人的なものである」という言葉はそう言い換えることができる。だから、「真のフランス」をその爵位と血統において個人的に表現しうる人間（例えば、モレス侯爵のような人間）は、どのような政策的決定を行おうと、つねに正しいのである。

「真のフランス」、それは「大地の恵みと風土と父祖伝来の遺風」[44]である。それは地にみちた霊気のごときものとして、フランス人の魂とフランスの文物とフランスの産物のすべてにしみとおっている。

「真のフランス」を損なう「偽りのフランス」は、空間的には「外部から」、時間的には「先住民に遅れて」到来したものたちが作り出した。「偽りのフランス」の構成要素はドイツか英国か、フリーメーソンやユダヤ人か、いずれにせよ「国の有機的構造に侵入した異邦的要素[45]」であり、「患部」あるいは「病巣」として解釈される。

「深／浅スキーム」はそのまま「健常／異常スキーム」に置き換えられる。表層の病巣の下には健常で生気あふれる「本体」がある。病巣を除去し、患部を剔抉《てっけつ》し、病原体を駆除すれば、フランスは蘇生する。

一八九四年段階でのモレスは刻下のフランスの危機を「健常なフランス」への「病んだ英国」の侵入による病態と見立てた。英国は「商人的、工業家的、航海者的、銀行家的」であり、それゆえ「生きるためには収奪せざるを得ない」。「英国は収奪国家の典型であり、その政治は海賊の政治である[46]」。一方、フランスは「農耕者的、職人的、創造的、理想主義的」な生産者である。英国とフランスは原理的に対立せざるを得ない。「諸国民それぞれを律しているドクトリンは永遠に変化しない[47]」からである。

この英仏二元論はさきほどの「臆病者、とんま、茶坊主……」という政敵の規定と同一の考想から導き出されている。すべての人間は「永遠に変化しない」あるカテゴリーに生まれついている。同じようにすべての国民は「永遠に変化しない」あるカテゴリーに生まれついている。英国人に生まれたものは、いかなる自己決定によっても、その「海賊的」本性を変えることができず、フランス人に生まれたものは、どのような努力によっても、その「農耕者的」本性を清算することができない。

そして、ここで私たちが見落としてはならないのは、ファシズムという政治思想は「人間は永遠に変化しない生得的なカテゴリーに釘付けにされている」という前提に立ってはじめて成り立つものだということである。

ファシズムとは違う階級が融合して一つになるということではない。そうではなくて、本来まじりあうはずがない階級が出会うことなのである。この出会いの不自然さがもたらす緊張と違和感を通じて、ひとはおのれの本来性であるところの「永遠に不変なるもの」をより深くより強く覚知することになる。キリスト教貴族と革命的労働者の「融合」を通じて、ファシストたちは貴族でも労働者でもないし、キリスト教的でも革命的でもない新しい社会集団を形成するわけではない。そうではなくて、ファシストになることによって、貴族はますます貴族的になり、労働者はますます労働者的になるのである。モレス侯爵が菜っ葉服を着た労働者やルイーズ・ミシェルのようなアナーキストと演壇で肩を組んでみせるのは、彼らと「一つになる」

ためではない。彼らといるときには、（おそらく高価なスーツを身にまとい、座り心地のいいソファに腰を下ろして、高価な葉巻をくゆらす）ユダヤ人政商といっしょにいるときよりもモレス侯爵にとっては自分が「何ものであるか」がはっきりと覚知されるからそうするのである。自分から最も遠いカテゴリーの人がそばにいるときにこそ、自分が何ものであるのか確信が持てる。それゆえにファシストは自分と最も遠い人々のうちに同伴者を捜し求める。

この戦略は私たちに一人のドイツの哲学者のことを思い出させる。「笑うべきサル」であるところの「大衆」を憎み、軽侮し、彼らに対するいいしれぬ「嫌悪感」（「距離のパトス」）を支えにして、絶えざる自己超克を試みる存在のことをフリードリヒ・ニーチェ Friedrich Wilhelm Nietzsche（一八四四－一九〇〇）は「超人」と名づけた。

「超人」は彼と決してまじりあうはずのない「大衆」に対する嫌悪を自己超克の動力として必要とする。それゆえ、背理的なことだが、「超人」はつねに「大衆」が彼の傍らに付き添って、彼に嫌悪感を供与してくれることを要請せずにはいられない。

社会の成員たちは、それぞれが代替不能の本質と召命を天から授かっており、「同一の公式」には従わない。「古代ローマの市民は血税を支払い、奴隷は武器を執らない代わりに労働をした。主人は奴隷を養い、衣服を与え、老後の世話をした」[48]。ローマの市民と奴隷はいわば「生態学的地位（エコロジカル・ニッチ）」を異にして共生している。市民がローマ社会に尽くす仕方と、奴隷がローマ社会に尽くす仕方は違っており、その奉仕活動は互換不能である。市民は奴隷なしには生きられず、奴隷は市民なしには生きられない。この完全な分業による相互依存のうちにモレスは社会の理想を見た。闘う騎士と生産する労働者は、それぞれが違う仕方でフランスの栄光に奉仕している。まさしく、その社会的機能が互換不能であるがゆえにこそ「階級を超えた同志的連帯」が要請されるのである。

「同一の公式をすべての個人、すべての風土にあてはめたこと」[49]が近代国家の犯した最大の失敗である。モレスはそう考える。社会成員を隔てていた差異が消失し、全員が互換可能になり、お互いにお互いの欲望を模倣し合う「マッス」になったときに、社会は解体的危機に瀕する(この判断自体は間違っていない。同じことは私たちの時代についてもそのまま当てはまる)。そのとき、「国民をかたちづくっていた絆が断ち切られる」。

「絆は断たれ、ファシズムはもう存在しない」(le fascisme n'existe plus)[50]

「ファシズム」という政治用語は通常ムッソリーニによる「ファッショ」(fascio)の創設(一九一九年)以前には遡らないが、そのさらに十数年前にすでにモレスはこの語を「束ねたもの=社会的紐帯」(fascis)の意味で用いていたのである。

モレスが「ファシズム」という語に託したのは、「騎士と農民」がフランスの霊的風土の中でまじりあうことなしに共生し、真にフランス的な本来性を守りながら、永遠に同一の状態にとどまり続ける「ニルヴァーナ」であった。

自分から最も遠い同伴者を呼び寄せることなしには自分が何ものであるのかについての確信を持つことのできない人間、そのような人間が「ファシスト」になる。彼は「貴族」でありながら「革命的労働者」と同盟することで、自分の「貴族性」を確証し、その同盟を通じて「ユダヤ人＝フリーメーソン＝英国人」らと闘うことによって、今度は自分が「ほかならぬフランス人」であることの確証を得ようとする。

「階級を超えて他者と同盟すること」と「同一国民のうちなる他者を排除すること」は、他者が私の唯一無二性の証人として功利的に活用されうる限り、ファシストにおいては、まったく無矛盾的だったのである。

今日、モレス侯爵の事績や思想をまじめに論じる人はいないし、彼の書き残したテクストを読む機会はほとんど私たちには与えられていない（私はフランスの国立図書館の暗い閲覧室で彼の薄いパンフレットを読んだけれど、私以前にそれを閲覧した人はごくわずかだっただろう）。

私は個人的にはアントニオ・バンデラス主演（監督は誰だろう、リドリー・スコット？）でモレス侯爵の一代記を映画化する企画があったら……と夢想することがある。けれども、ユダヤ人たち（「ハリウッド」のかなりの部分は彼らのものだ）は彼をいささかなりとも魅力的な人物として描くことを許さないだろう。それは仕方がないことだし、私はその判断に反対しない。

しかし、モレス侯爵について言及する人がいなくなったという事実は彼に取り憑いていた政治的幻想から私たちの時代が醒めたことを意味するわけではないということははっきり言っておかなければならない。私はエドゥアール・ドリュモンにもモレス侯爵にも、あるいはモーリス・バレスやシャルル・モーラスやティエリ・モーニェや（一九三〇年代の）モーリス・ブランショにもドリュ・ラ・ロシェルにも、そのテクストを読むたびにある種の「魅惑」を感じてしまう。そのことを率直に認めようと思う。彼らが愚鈍で邪悪なだけの人間であったら、世界の風景はたしかにたいへんクリアカットなものになるだろう。けれども、実際には彼らは愚鈍でも邪悪でもなかった。もし、私が十九世紀終わりに生まれたフランス人で、その時代の政治的状況にコミットする可能性があったら、ドリュモンやモレスの人間的魅力に強く惹きつけられたかもしれない。そういう種類の想像力の使い方がときには必要だろうと私は思う。

勘違いしてほしくないが、私は彼らを擁護しているのでも弁明しているのでもない。そうではなくて、彼らは今も生きているという事実、彼らのようなタイプの思考の型に魅惑されてしまう要素が私たちの中に今も息づいているという事実を直視しない限り、「ユダヤ人問題」の本質に接近することはむずかしい、ほとんど絶望的にむずかしいということを言いたいだけなのである。

第三章注

1 Édouard Drumont, *La France Juive*,C. Marpon & E. Flammarion, 1886, tome I, p.vi

2 カール・マルクス、フリードリヒ・エンゲルス『共産党宣言』大内兵衛他訳、一九五一年、岩波文庫、三八-三九頁

3 Léon Daudet, *Souvenirs Politiques*, 1974, Albatros, p.17

4 Drumont, *op.cit.*, p.15

5 *Ibid.*, p.5

6 *Ibid.*, p.6

7 *Ibid.*, p.12

8 *Ibid.*, p.9

9 *Ibid.*, p.11

10 *Ibid.*, p.9

11 *Ibid.*, p.12

12 *Ibid.*, pp.8-9

13 *Ibid.*, p.186

14 *Ibid.*, p.328

15 *Ibid.*, p.324

16 *Ibid.*, p.291

17 *Ibid.*, pp.517-518

18 *Ibid.*, p.518

19 *Ibid.*, p.525

20 *Ibid.*, p.520

21 *Ibid.*, p.525

22 Steven S. Schwarzschild, 'The Marquis de Morès, The Story of a Failure (1858-1896)', *Jewish Social Studies*, 22-1, 1960, p.9

23 Édouard Drumont, *La Dernière Bataille,* 1890, E. Dentu, p.vi

24 Maurice Barrès, 'Scènes et doctrines du nationalisme', *L'Œuvre de Maurice Barrès*, t. 5, Plon, 1966, p.347

25 Michel Winock, *Edouard Drumont et Cie,* 1982, Seuil, p.59

26 Robert F. Byrnes, 'Morès, the First National Socialist', *The Review of Politics,* July, 1950, p. 342

27 Zeev Sternhell, *La Droite Révolutionnaire,* 1978, Seuil, p.202

28 Byrnes, *op.cit.,* p.350

29 Drumont, *op.cit.*, pp.38-39
30 *Ibid.*, p.v
31 *Ibid.*, pp.176-179
32 Drumont, *Le Testament d'un Antisémite*, 1891, E.Dentu, p.x
33 Byrnes, *op.cit.*, p.354
34 Schwarzschild, *op.cit.*, p.9
35 Byrnes, *op.cit.*, p.356
36 *Ibid.*, p.356
37 Barrès, *op.cit.*, pp.302-303
38 Byrnes, *op.cit.*, p.360
39 Beau de Loménie, *É. Drumont ou l'Anticapitalisme National*, 1968, J.J. Pauvert, p.111
40 Barrès, *op.cit.*, p.308
41 Marquis de Morès, *Le Secret des Changes*, Imprimerie Marseillaise, 1894, pp.1-2
42 Barrès, *op.cit.*, p.295
43 Charles Maurras, *Enquête sur la Monarchie*, Librairie Nationale, 1914, p.559
44 Morès, *op.cit.*, p.5
45 *Ibid.*, p.78
46 *Ibid.*, p.6

47 *Ibid.*, p.78
48 *Ibid.*, p.84
49 *Ibid.*, p.80
50 *Ibid.*, p.78

終章　終わらない反ユダヤ主義

1 「わけのわからない話」

私がこの論考を『私家版』と題したのは、ユダヤ人問題について、できるだけ「わけのわからないこと」を書きたいと思ったからである。

専門家が自分の熟知している分野のことを語ると、「話のつじつまが合いすぎる」ということが起こる。「話のつじつまが合いすぎる」というのは、あまりよいことではない。「つじつまの合いすぎた話」は読者にとっての印象が薄いからである。どういうわけか、輪郭のなめらかな、あまりに整然とした論述は、私たちの記憶にとどまらない。

逆に、どこかに「論理の不整合面」や「ノイズ」や「バグ」があるテクストは、かなり時間が経ったあとでも、その細部まではっきりと思い出すことがある。それは、その「不整合」を呑み込むときに刺さった「棘」がおそらくまだ身体のどこかで疼いているからである。

私たちの記憶に残るのは「納得のゆく言葉」ではなく、むしろ「片づかない言葉」である。「世界と君との闘いにおいては、世界を支援せよ」とか「私が語っているとき、私の中で語っているのは他者である」とか「私たちは欲するものを他人に与えることによってしか手に入れることができない」とか、うろ覚えではあるけれども、決して忘れることのできない種類の言葉がある。それを忘れることができなかったのは少年の日常の論理を以てしてはそれらの言葉を「呑み込む」ことができなかったからである。

それでもある日、自分がそれらの言葉を「呑み込む」ことができるようになっていることに気づく。ちょうど唾液が喉にささった魚の骨を溶かして、そのカルシウム分から自分の骨を作り出すように、それらの「棘」のある言葉は溶けて私たちの身体の組成の一部になってしまっていたのである。私が「棘」と呼ぶのは、そういう種類の「呑み込みにくさ」のことである。

それを呑み込もうと苦しがり、とにかくそれを「消化」するために役立ちそうな情報や知識ばかりを選択的に摂取しているうちに、気がついたら、その「棘」を中心にして私の思考や感受性が組織されてしまっているということがある。それは「私が棘を呑み込んだ」というよりはむしろ「それを〈棘〉と感じないように私自身の喉の構造や機能を組み替えた」というのに近い。

おそらく真に「教化的」なテクストとはそういうものだろう。そしてまことに僭越ながら、私もできることならそういう「棘」のあるユダヤ人論を書いてみたいと望んだのである。

だから、私はこの論考で、私自身が何を言いたいのかよくわかっていないこと、つまり私自身にとっての「棘」的主題を選択的に書くという戦略を採択した。

読者にとってはまことに迷惑なテクスト戦略であるが、「私にわかっていること」だけをいくら巧みにつぎはぎしても、ユダヤ人問題に私は接近することができない。もちろん私の書いたものを経由して読者の方々がそれに接近することもできない。ユダヤ人問題を三十年近く研究してきてそのことだけは骨身にしみてわかった。自分の知っていることをいくら巧みに構築しても、ユダヤ人問題に切り込むことはできない。ユダヤ人問題というのは、「私の理解を絶したこと」を「私に理解できること」に落とし込まず、その異他性を保持したまま（強酸性の薬品をガラス瓶に入れてそっと運ぶように）、次の受け手に手渡すというかたちでしか扱えないものなのである。

だから、ユダヤ人問題には「最終的解決」は存在しない。もし「私はユダヤ人問題の『最終的解決』の方法を知っている」と主張する人間がいたとしたら、その人は第三帝国のドイツ人たちと同じことを考えているか、嘘つきかどちらかである。いかなる政治学的・社会学的提言をもってしてもユダヤ人問題の最終的解決に私たちは至り着くことができない。これが私の立場である。

私にできる誠実な態度は、「これは解決が困難な問題である」というタグを付けて、「デスクトップ」に置いておくことである。「デスクトップ」に置いて「目障り」なままにしておくことである。

それに「解決不能問題」というラベルを貼って「ファイル」してはならない。ユダヤ人問題については、とにかく「片づける」という動作を自制しなければならない。

ユダヤ人問題は決して「かさぶた」のできない傷口に似ている。そこからはいつまでもじくじく膿血がしみ出し続ける。包帯して傷口を隠してしまうことも、患部ごと切り落としてしまうことも、ともに私たちには許されない。この傷口に対するさしあたり妥当と思える処方があるとすれば、それは傷口をつねに外気と陽光にさらしておくことだけである。外気と陽光にさらされている間、少しだけ膿血は乾く。けれども、その代償として、剝き出しの傷口は外部からの攻撃に無防備なままだ。

「棘」はそれを呑み込むことのできない私たち非ユダヤ人の喉に突き刺さるばかりではない。その語には、私がここで述べてきた（そしてこれから述べる）不用意な言葉の数々が現実のユダヤ人たちに傷を負わせる可能性が含まれている。そのリスク（まことに気鬱なことにそれは「私にとってのリスク」ではなく、「ユダヤ人にとってのリスク」なのである）がユダヤ人問題を「外気と陽光にさらしておく」ための不可避の代償なのである。ユダヤ人問題について語るということはほぼ一〇〇パーセントの確率で現実のユダヤ人に不愉快な思いをさせるということである。ユダヤ人問題については、「きれいごと」だけを選択的に言うことはできない。だから、「政治的に正しい意見」「倫理的に瑕疵《かし》のない言葉」だけを語りたいと望む人はこの問題には足を踏み入れない方がいい。

私はこの論考の終章に、「ユダヤ人問題は終わらないだろう」という暗鬱な予言を書きつけることになる。気ぜわしく結論を先取りして言えば、それはユダヤ人問題は私たちの社会に構造的にビルトインされているということである。私が今述べたようなねじくれたものの考え方をするようになったのは、そのこと自体がすでにユダヤ人問題の及ぼした歴史的影響の一つなのである。いわば私自身がユダヤ人問題の「効果」なのである。ユダヤ人がいなければ、私は決して「こんなふうに」ものを考えるようにはならなかったはずだからである。

かつてノーマン・コーンは『シオン賢者の議定書』の歴史についての研究書の序文にこう記した。

「ナチとその共犯者の手で殺された非戦闘員の三分の一がユダヤ人だった。第三帝国《ライヒ》と戦った東欧諸国――ソビエト連邦、ポーランド、ユーゴスラヴィア――の民間人死者は全人口の一一－一二パーセントに達し、ドイツ本国でも八－一〇万の精神病院入院患者がガス殺された。二五万人のジプシーもユダヤ人と運命を共にしている。それでもなおユダヤ人と彼らの間にははっきりした隔絶がある。ユダヤ人は彼らのためだけに取っておかれた特別の憎しみによって狩り立てられたのだ[1]」

コーンはその「特別の憎しみ」の起源は何かを知ろうとしてこの書物を書いた。コーンがたどった理路は、それまでのユダヤ人問題の扱い方とはかなり隔たっている。というのは、それまで社会学者や歴史学者たちはユダヤ人差別の力学を主に「供犠」という概念を用いて説明しようとしてきたからである。

人々の怨嗟《えんさ》や憎悪を一身に集めてしまう被差別集団はあらゆる社会に存在する。ユダヤ人もまたそのような集団の一つである。ユダヤ人が存在しない社会では、別の任意の小集団が（例えば黒人が、例えばツチ族が、例えばセルビア人が……）「供犠」対象に選ばれる。その集団が社会の悪のすべてを集約的に表現しており、その集団さえ根絶すれば社会は再び原初の清浄と活力を回復する、そういう種類の「物語」は世界中どこにでもあったし、今もある。それがある社会の構造的な矛盾を隠蔽して、国民統合を成就することのできる（毒性の強い）「ソリューション」である限り、シニックな政治家たちはこれからも政治的選択肢の一つとして人種差別を繰り返し政治的に活用するだろう、というのが科学的なタイプの供犠論である。

しかし、ノーマン・コーンが「特別の憎しみ」という言葉で言おうとしたのは、そのような「つじつまの合った物語」とは違うことだ。ユダヤ人が蒙っているのは「特別の憎しみ」であり、この憎しみは他のどのような被差別集団によっても引き受けられることができない。まさしくコーンはそう書いたのだが、こういうことを書いた人はそれまでには反ユダヤ主義者しかいなかった。

反ユダヤ主義者たちはきっぱりとユダヤ人には「特別の憎しみ」を向けなければならないと主張してきた。なぜなら、ユダヤ人が社会を損なう仕方はその他のどのような社会集団が社会を損なう仕方とも違っているからである。コーンは（彼自身ユダヤ人でありながら）この反ユダヤ主義者の主張の一部に同意したのである。

被害者の側の立場になってユダヤ人問題を論じたほとんどすべての研究者は「ユダヤ人に対する憎しみは社会構築的なものであり、ユダヤ人には責任がない」という「政治的に正しい」言明を繰り返してきた。その中にあってコーンの言葉は異端的である。ユダヤ人問題の研究を始めた私がその最初の仕事としてコーンの翻訳を選んだのはおそらくこの「突出」の仕方に強く興味を惹かれたからである。

オックスフォード大学で歴史学を学んだノーマン・コーンが「ホロコースト」を起動させたのは政治的なシニスムではなく、「特別の憎しみ」ではないかという危険な思弁に踏み込んだのは、文献的知識によってではなく、経験によってであった。コーンはこう回想している。

「死者はヨーロッパ・ユダヤ人の三分の二。ゲットーで飢えと病気のために死んだ数を含めなくとも死者は五〇〇万から六〇〇万の間に達した。これらの人々は一つの交戦国を形成しているわけでも、明確な民族集団を形成しているわけでもなく、英仏海峡からヴォルガ川に至る全ヨーロッパに散在し、ユダヤ教信者の子孫であるということの他には何の共通性も持たない。この奇怪な現象をどう説明したものだろうか？

（……）私がこの問いの答えとおぼしきものの輪郭を感じ取ったのは、戦争が終ってからのことである。一九四五年冬、中欧で動員解除を待機していた時、私は偶然のことからナチ及び親ナチ派のイデオローグの文書を収集した書庫を訪れる機会を得た。数カ月にわたってその文書をつぶさに読み、同時に尋問されていたSS隊員の口からそのなまの声を聴取しているうちに、私の心の中に一つの強い疑念が湧いてきた。（……）民族皆殺《ジェノサイド》しは国家間の現実の利害対立やいわゆる人種的偏見とは無縁ではないのか、と私は考え始めたのだ」[2]

ユダヤ人迫害が「現実の利害対立やいわゆる人種的偏見とは無縁」であるということは、それが現実の政治や経済ではなく、「幻想」の境位で起きている出来事に根拠を持っているということである。もちろん、人種差別は「幻想」的なものだというのは少しも目新しい言葉づかいではない。ただ、そう語る人々は「人種差別には現実的な根拠がない」と言うことによって、「だから、自然の理法に照らして人種差別は消失するはずだし、しなければならない」という希望をも同時に語っているのである。コーンがここで言っているのはそういうことではない。

ユダヤ人差別には現実的な根拠がない。にもかかわらずそれは自然の理法に従って消失することなく、執拗に回帰してきた。現実をどのように改変しようと、無傷のままに残る幻想的根拠がどこかに存在し続ける限り、反ユダヤ主義はこれからも繰り返し回帰するだろう。

あらゆる現実は歴史学的・物理学的な因果関係のうちに生起し、あらゆるイデオロギーは社会構築的であると信じていられる人は、歴史的現実とかかわりなく生成し棲息する幻想的な憎悪や恐怖のあることを認めたがらない。しかし、私たちが以前に「日本における反ユダヤ主義」の歴史をたどったときに学んだように、「そこに存在しない社会集団に対する幻想的な同一化と恐怖」が現実的に政治的に活発に機能するということはありうるのである。

私がユダヤ人問題を論じることで確認したいことはそのことである。

「そこに存在しないもの」を感知し、恐怖し、欲望し、憎悪することが人間にはできる。何かが「存在するとは別の仕方で」、生きている人にリアルに触れ、その生き方や考え方を変えるということがありうる（その「何ものか」はもう「ある」という動詞で承けることはできない）。

私はそのことを言いたいのである。

そして、もう一歩踏み込んで、私がこの論考で論及しておきたいのは、私たちが因習的に「ユダヤ人」と民族名称を付して読んでいる社会集団は、その「存在するとは別の仕方で私たちに触れてくるもの」と民族的な仕方で関係づけられているという仮説である。

この論件について、私は「わかりやすく」語ることができない。そのためにはどうしても「語ることのできないこと」を語るというアクロバシーを試みなければならないからである。

2　未来学者の描く不思議な未来

少し違う話に寄り道する。寄り道した方が目的地に早くたどりつけるということもある。

ローレンス・トーブ Lawrence Taub（一九三六－）はイランのイスラム革命やベルリンの壁崩壊を予言したことで知られる未来学者であるが、彼の未来予測は人類の歴史がある種の「成熟」の歴程を不可逆的にたどっているという確信に依拠している。

「人類は進歩しているだろうか？」という問いをポストモダン期の知識人は一笑に付すだろう。もちろん科学技術は進歩した。しかし、この戦争と虐殺と差別と迫害の連鎖のどこに人間性の成熟のあかしをお前は見ることができるのか、と。

トーブはこのようなシニカルな評価を退ける。十九世紀以後の歩みをたどってみても、人間たちは人種的・性的・宗教的な差別や、植民地主義的収奪や奴隷制度をはっきり「罪」として意識するようになってきた。これらの行為はそれ以前の時代においては必ずしも「罪」として意識されていなかったものである。たしかに依然として人は殺され続けているし、富は収奪され続けているが、そのような凶行の当事者でさえ、その「政治的正しさ」や「倫理的な根拠」について国際社会に向けて説明する義務を（多少は）感じている。これは百年前には存在しなかった感情である。そのことから見て、人類は霊的に成熟しつつあり、人間性についての省察を深めつつあるという見通しを語ることは許されるだろう。そうトーブは書く。

「時代ごとの進歩の速度にはばらつきがあり、少しの進歩も見られない時期もあった。けれども、人類が全時代を通じて、物質的ならびに霊的進歩を遂げてきたことを否定することはむずかしい[3]」

その確信の上に立って、トーブは二十一世紀の早い時期にヨーロッパ（Europa：EU）と儒教圏（Confucio：中国、統一朝鮮、台湾、日本を核とする東アジア共同体）と北極圏（Polario：アメリカ=ロシア連合体）へのブロック的再編が行われるというスケールの大きい予測を立てている[4]。

このトーブの包括的な未来予測の中で私をいちばん驚かせたのは、トーブが二十一世紀中頃における「北米における反ユダヤ主義の激化」を予言していることである。トーブはこう書いている。

「アメリカにおける将来の暴動はかつてなく反ユダヤ主義的なものとなるだろう。偶発的ではなく、より組織的なものとなる。それはゲットーを越えて隣接地域やユダヤ人の働く地域にまで広がり、やがてテロの形態を含むことになる。要するに、アメリカ型ポグロムとなるということだ。（……）黒人白人の反ユダヤ主義的暴力がひとたび激化すると、警察や行政当局はそれを真剣に阻止しようとはしなくなる。仮に犯人を捕らえて裁判に付しても、陪審員は微罪で解放してしまうだろう。一般大衆は、帝政ロシアやナチ・ドイツにおいてと同じように、ポグロムの広がりをぼんやり座視するか、そんなものは目に入らないふりをするかどちらかであろう。人々はユダヤ人よりもむしろ迫害者に共感を寄せる。そんなふうにして、アメリカの反ユダヤ主義は悪化の一途をたどることになる」[5]

こう書いているトーブ自身はアメリカ生まれのユダヤ人である。だから、この予言は彼自身をも標的とする排除の暴力が「霊的に成熟を遂げつつある時代」になお解発するであろうということを述べているのである。トーブはさらにこう続ける。

「反ユダヤ主義は、黒人白人の失業者、ホームレス、貧者、下層階級、エリートコースから脱落した中産階級の社会的不満をスケープゴートとしてのユダヤ人へ向けて逸らす。エリートたちは反ユダヤ主義的暴力を阻止するどころか、むしろユダヤ人、黒人、プア・ホワイトなどの間の乖離が深まることに加担する。彼らが団結してエリートたちに反攻してくることを防ぐために。古典的な『分断統治』のルールだ」[6]

そして、トーブの予言によれば、迫害されたアメリカのユダヤ人たちは（かつてヨーロッパで迫害されたユダヤ人たちがそうしたように）イスラエルに向かうことになる。

「多数のアメリカのユダヤ人のイスラエル移住はアメリカとイスラエルと中東と、移民自身の上に大きな影響をもたらすだろう。アメリカへの影響は、少なくとも短期的には大きなものとなる。（……）アメリカ・ユダヤ人の活動領域は中規模経済エリア（小売り、軽工業、金融、メディア、専門職）に集中している。それゆえユダヤ人の離国は経済的・社会的には爆弾となる。アメリカ経済はそのダイナミズムを失い、英国、カナダ、オーストラリアに似たものとなるだろう」[7]

まことにピトレスクな予言だが、私が興味をもつのは、その「コンテンツ」ではなく、そのような未来予測を語るローレンス・トーブというアメリカのユダヤ人の「口ぶり」の静かさの方である。

世界を代表する「人権の国」で、遠からず反ユダヤ主義的暴力が激化するだろうという見通しを語るその淡々とした口調の方が私にはその内容よりもむしろ衝撃的だった。トーブの未来予測が的中するかどうか、私たちには今その当否を論じることはできない。しかし、自分自身が迫害の当事者になるであろうという未来予測を語る口ぶりの冷静さはリアルタイムの現実であり、その事実は吟味するに値する。

なぜ、ローレンス・トーブは「世界がどれほど変わっても、反ユダヤ主義はなくならない」

と自明のことのように語れるのか。それは反ユダヤ主義が標的にしている「何か」が、現実の事象ではなく、幻想的境位に存するものであることを、おそらくユダヤ人自身が知っているからである。

3 「過剰な」ユダヤ人

さらに寄り道を続ける。

私は大学での講義の最初に、「ユダヤ人がきわだって活動的なエリア」について基礎的な情報を学生たちに提供した。イスラエル政府のＷｅｂページの「ノーベル賞」の項目と『エンサイクロペディア・ジュダイカ』の「映画」の項目と、町山智浩氏のブログに掲載されていた「ユダヤ系ロックの殿堂」についてのエントリを参考にしたものである。

一九〇一年から始まるノーベル賞受賞者の統計を見ると、自然科学分野におけるユダヤ人の突出ぶりがわかる。二〇〇五年度までの医学生理学賞のユダヤ人受賞者数は四十八名（百八十二名中）、物理学賞は四十四名（百七十八名中）、化学賞は二十六名（百四十七名中）。それぞれ二六パーセント、二五パーセント、一八パーセントに相当する。ユダヤ人は世界人口の〇・二パーセントを占めるに過ぎないのであるから、これはどう考えても「異常な」数値である。

もちろん、ユダヤ人と非ユダヤ人の脳の間に解剖学的な組成の差異は存在しない（差異があることを証明しようとした人類学者はヴァシェ・ド・ラプージュ以来数多くいるが、誰も成功していない)。だとするなら、この統計的に有意な差異は教育制度の違いがもたらしたものとみなすのがふつうである。しかし、ユダヤ人たちはそれぞれの帰属する社会の教育制度に組み込まれていて、学校をつうじて「民族的な教育」を受ける機会を享受していない。にもかかわらず、この異常な数値は民族的な仕方で継承されてきたある種の思考の型が存在することを仮定する以外に説明することができない。

ただし、映画界におけるユダヤ人の存在感については少しだけ説明のつけようがある。前にも書いたように、十九世紀末にヨーロッパからアメリカに移民してきたユダヤ人たちに既存の業界は扉を閉ざしており、彼らが新規参入できる業種は金融や流通やメディアやショービジネスといった「ニッチ・ビジネス」に限られていたからである。ハリウッド資本はその草創期のほとんどがユダヤ人で占められた。

メジャー七社(20世紀フォックス、MGM、パラマウント、ワーナー・ブラザース、コロンビア、ユニバーサル、ユナイテッド・アーティスツ)のうち六社はユダヤ人が創設したものであり、唯一の例外であるユナイテッド・アーティスツも中心メンバーはユダヤ人のチャーリー・チャップリンであった。

監督として私たちが名前を挙げることのできるユダヤ人には、エーリッヒ・フォン・シュトロハイム、ジョゼフ・フォン・スタンバーグ、ウィリアム・ワイラー、ビリー・ワイルダー、ジョン・フランケンハイマー、ロマン・ポランスキー、オットー・プレミンジャー、リチャード・ブルックス、スタンリー・クレイマー、ウィリアム・フリードキン、スティーヴン・スピルバーグ、ウディ・アレン、メル・ブルックス、デヴィッド・クローネンバーグ。俳優にはチャップリン、マルクス兄弟から始まって、ポーレット・ゴダード、ケーリー・グラント、アル・ジョンソン、エドワード・G・ロビンソン、ロッド・スタイガー、カーク＆マイケル・ダグラス、ジーン・ハックマン、トニー・カーティス、ピーター・フォーク、ローレン・バコール、ウォルター・マッソー、ダスティン・ホフマン、ポール・ニューマン、バーブラ・ストライサンド、リチャード・ドレイファス、ジェフ・ゴールドブラム、ナタリー・ポートマン。映画音楽にはエルマー・バーンスタイン、バート・バカラック。

同じ理由から音楽業界も伝統的にユダヤ人が多い。クラシック音楽家にユダヤ系演奏家が占める割合が異常に高いことはよく知られているが、ポップスもすごいことになっている。キャロル・キング、フィル・スペクター、ビリー・ジョエル、バリー・マニロウ、ベット・ミドラー、ボブ・ディラン、ポール・サイモン、レニー・クラヴィッツ、イギー・ポップ、ルー・リード、デイヴィッド・リー・ロス、ジーン・シモンズ、マーク・ノップラー、そして（〝ハウンド・ドッグ〟の）ジェリー・リーバー＆マイク・ストーラーも（ビートルズのマネージャーだった）ブライアン・エプスタインもユダヤ人である。文学についても哲学についても、私たちはユダヤ人のリストをいくらでも長いものにすることができる。「キャロル・キングとリーバー＆ストーラー抜きのアメリカン・ポップス」を想像することができないのと同じように、私たちは「マルクスとフロイトとフッサールとレヴィナスとレヴィ＝ストロースとデリダを抜きにした現代思想」というものを想像することができないと言うだけで十分だろう。

さしあたりこのようなリストから導き出せるのは、かなりシンプルな言明である。それは「ユダヤ人たちは多くの領域でイノベーションを担ってきた」ということである。この言明に異議を差し挟むことのできる人はいないだろう。

しかし、重要なのは「多くの領域」の前に「実に」を、「イノベーション」の前に「きわめて頻繁に」を挿入する必要がある、ということなのである。

私たちが問題にしているのは、あくまで「程度の差」なのであるが、「程度の差」と言って済ませるには、ユダヤ人がかかわってきた文化的領域はあまりに宏大であり、彼らがなしとげてきたイノベーションはあまりに多種多様なのである。

その「過剰さ」を説明するためには、「ユダヤ人をイノベーティヴな集団たらしめている知的伝統が存在する」という仮定はたいへん誘惑的である。しかし、その知的伝統がどのように継承されてきたのかを私たちは言うことができないし、その「伝統」なるものが具体的にどのようなものであるかを言うこともできない。だが、それがどのような能力の涵養に資してきたのかについてなら、今の段階でも言うことができる。

ユダヤ人たちが民族的な規模で開発することに成功したのは、「自分が現在用いている判断枠組みそのものを懐疑する力と『私はついに私でしかない』という自己繋縛性を不快に感じる感受性」である。

他にもいろいろな言い方があるだろうけれど、「カール・マルクスとグルーチョ・マルクスとジグムント・フロイトとクロード・レヴィ＝ストロースとエマニュエル・レヴィナスとキャロル・キングとウディ・アレンに共通する知的資質を二百字以内で述べよ」と問われたら（誰もそんな問いを私に向けはしないだろうが）、私ならとりあえずそう答える。

イノベーションとは、要するに「そういうこと」ができる人がなしとげるものだ。

このような「イノベーティヴ」な知的資質はふつう長期かつ集中的な個人的努力によってのみ発現する（だからもちろん非ユダヤ人の中にもそのような知的資質の開発に成功した人はたくさんいる）。ユダヤ人の際だった特徴は、非ユダヤ人が個人的努力をつうじて錬成しているこの知的資質の開発を、集団的に行っているように見えるということである。

「イノベーション向きの知的資質を集団的に開発する技術」などというものがありうるのだろうか？　そもそも、「民族的な規模でイノベーティヴな集団」などというものがありうるのだろうか？

たぶんどちらもありうるのだろう。

「ありうる」と思わなければ、話はここで終わってしまう（ここで話が終わっても誰も困らないが、私は困る）。

もちろん反論はあるだろう。「イノベーション」というのはふつう集団内の少数派が受け持つ仕事である。「イノベーター」というのは、少数者ないし異端者というのとほとんど同義である。

「少数者ばかりで構成された集団」とか「異端者ばかりの集団」というものは形容矛盾である。異端者というのは（「一つ目国」における「二つ目の人間」と同じように）属する集団に「同類がほとんどいない」人のことである。異端者性を規定するのは「世界観や人間観をわかちあえる同類がいない」という量的な事実にすぎず、「異端者らしさ」というような実定的な特性が彼のうちに内在しているわけではない。

それにもかかわらず「民族的な規模でイノベーティヴな集団」が存立しうるとしたら、それを満たす条件はおそらく次のようなものしかない（私にはそれしか思いつかない）。

それはユダヤ人にとっての「ふつう」を非ユダヤ人が「イノベーティヴ」と見なしているということである。

ある社会集団における「ふつうのふるまい」を別の集団が「特異なふるまい」とみなすということは、別に珍しい話ではない。例えば、私たち東洋人がフランスやイタリアを旅すると、「ヨーロッパの若い女性の中にギリシャ彫刻的に美しい人があまりに多い」という事実に圧倒される。これは私たちの標準の取り方が間違っているのであって、美人の定義についての先方のルールを私たちが無批判に受け容れたことで起きたある種の「勘違い」にすぎない。ヨーロッパの人は単に「自分たちの社会集団内でもっとも標準的な風貌」を「美しい」とカテゴライズしただけのことである。

自集団における「標準的属性」を「希少な美質」とみなすというのは典型的に自民族中心主義的なふるまいであり、世界のどの民族集団もしていることである。問題があるとしたら、必ずしも他の集団の人々がそれを「希少な美質」とみなす判断に同意してくれないということである。

ギリシャ的な「美」はある民族集団の「標準的属性」が国際共通性を獲得した一例である。それと同じようなことが「知性」についてもありうるとしたら、どうなるだろう？　ユダヤ人にとって「標準的な属性」を非ユダヤ人が「例外的美質」と見なすということがあったとしたら……私の思弁はここから暴走を始める。

彼らはあるきっかけで「民族誌的奇習」として、「自分が判断するときに依拠している判断枠組みそのものを懐疑すること、自分がつねに自己同一的に自分であるという自同律に不快を感知すること」を彼らにとっての「標準的な知的習慣」に登録した。

いったいどういう歴史的経緯でそのような民族的合意に至り着いたのか、私には想像もつかない。想像もつかないけれど、そう仮定する他に説明のつけようがないのである。

私たちが知っていることの一つは、人間というのはどのような種類の知的習慣にもなじむことのできるタフな生き物だということである。

絶えず悪魔の誘惑が選択を誤らせようとしているという信仰をもつことはずいぶんストレスフルだろうし、自分の一挙手一投足が宇宙の破滅にリンクしているという宿命観をもつことも苦しみの多いことだろうし、共産主義者のスパイが隣家にもオフィスにも政府内部にも巣喰っていると信じつつ社会生活を営むことは耐え難く不快であるだろう。けれど、心身を癒すことよりもむしろ疲弊させるようなタイプの「物語」を採用しながらも生きながらえてきた社会集団は無数に存在する。だとしたら、ある種の知的拷問に耐える能力を成員条件に採択した社会集団があったとしても、私は怪しまない。

仮にそのような集団が存在した場合、彼らが強迫的な仕方でもたらし来す数限りない「イノベーション」は周囲の人々を圧倒することになるだろう。頭が割れそうな種類の知的拷問を聖務日課のように粛々と受け容れる生き方に、周囲の人々は畏怖よりむしろ嫌悪を感じるかもしれない。彼らの知的努力のすべてが、周囲の人には「おのれを懐疑せよ、生き方を改めよ、秩序を壊乱せよ、今あるものを否定せよ」という威圧的、教化的なメッセージのように聞えて、耳を塞ぎたくなるかもしれない。

そういうこともあるかもしれない。

とりあえずは「仮に」の話である。

仮に、このような種類の知的拷問に耐える能力を集団の成員条件に採用した集団があれば、それは「たいへんイノベーティヴな集団」と呼ばれることになるだろう。仮に、この知的拷問に耐える能力を「ユダヤ的知性」と呼ぶのだとしたら、それはすでに同語反復を犯すことになるだろう。

だから、「仮に」という想定から導かれる思弁的結論は次のような驚くべきものとなる。

ユダヤ人が例外的に知性的なのではなく、ユダヤにおいて標準的な思考傾向を私たちは因習的に「知性的」と呼んでいるのである。

4　最後の問い

『私家版・ユダヤ文化論』の最終章まで来たところで、「ユダヤ人はどうしてこれほど知性的なのか?」という避けることのできない困難な問いの前に私は今立ちつくしている。

この問題に対する回答を私は二つ知っている。

広く知られているものとしては三つあるが、三つ目は議論の対象にならない。それは「例外的知性が遺伝性の疾患のようなものとしてユダヤ人たちのうちに器質的に内在している」とする説明である。この反ユダヤ主義的回答の可否について私たちは吟味のための時間を割かない。

私たちが検証するのは二つの説明可能性だけである。

問い。「ユダヤ人はどうしてこれほど知性的なのか?」

第一の答え。

ユダヤ人の「例外的知性」なるものは、民族に固有の状況がユダヤ人に強いた思考習慣、つまり、歴史的に構築された特性である。

サバンナの草食動物が肉食獣に捕食されないために視力や脚力を発達させたのと同じように、ユダヤ人たちは反ユダヤ主義者に「捕食」されないために、ビジネスマインドや学術的才能を「やむなく」選択的に向上させていった。これが今のところ「政治的に正しい」唯一の回答である。この社会構築主義を代表するのは、すでに見たとおりサルトルである。彼はユダヤ人に固有の思考習慣が存在することを認めながら、そこにいささかの主体性も認めなかった。その点でサルトルは徹底していた。彼の所論の当否については、のちに論及する。

第二の答え。

ユダヤ人の「例外的知性」なるものは、民族に固有の聖史的宿命ゆえに彼らが習得し、涵養せざるを得なかった特異な思考の仕方の効果である。

ユダヤ人の「聖史的宿命」とは「諸国民」に先んじて、「諸国民」より以上に受難することである。

歴史を超えて、あらゆる時代、あらゆる場所でユダヤ人は迫害されてきた。『出エジプト記』のパロ、バビロン捕囚のネブカドネザル二世、『エステル記』のハマンといった古代の暴君からヒトラー、スターリンに至るまで、ユダヤ人には無数の迫害者がいた。彼らの暴力が照準したのは、ユダヤ人がそれぞれの社会で果たしていた歴史的な役割ではない。標的にされたのは、ユダヤ人たちが超歴史的な仕方で体現している「ふつうでなさ」である。

ユダヤ人に何らかの知的卓越性があるとすれば、それはこの「ふつうでないこと」をおのれの聖史的宿命として主体的に引き受けた事実に求めるべきであろう。

私自身はこの第二の回答につよく惹かれる。それは私が「師」と仰ぐエマニュエル・レヴィナス Emmanuel Lévinas（一九〇五-九五）がそう教えているからである。

「ホロコースト」後、多くのヨーロッパ知識人たちは、なぜ「愛の宗教」であるキリスト教が二千年にわたり教化開明し、近代的なヒューマニズムが豊かに開花したはずのヨーロッパ世界で「こんなこと」が起きてしまったのかを自問した。サルトルの反ユダヤ主義論はそのような試みの一つである。敬虔なキリスト教徒であり、近代的なヒューマニストであることは、大量殺人者であることを少しも妨げないと言い切った点でサルトルは当時のヨーロッパ知識人の中でもっとも大胆な一人であった。その点で私はサルトルを高く評価する。

しかし、レヴィナスはサルトルの「ユダヤ人は反ユダヤ主義者が作りだした社会構築的存在である」という考え方をきっぱり退けてこう書いた。

「一九三三年から一九四五年にかけての歳月がヨーロッパのユダヤ教徒にとってどんなものであったのかを思い出して頂きたいと思います。その時代に辛苦と死を経験した数百万人の人々の中にあって、ユダヤ人は完全に神に見捨てられるという例外的な経験を持ちました。ユダヤ人は事物よりもさらに劣った地位を、完全な受動性という経験を、〈受難〉の経験を味わいました。『イザヤ書』五三章に書かれてある通りのことがその身に起きたのです。（……）ユダヤ人の苦しみは徹底的に人種的な迫害という固有のかたちをとりました。人種的迫害とは、その意図そのものからして、あらゆる逃走を不可能にし、あらかじめあらゆる改宗の試みを封じ、すべての自己放棄を、その語の語源的な意味における背教を禁じ、おのれの究極的な自己同一性に召喚された存在者の無垢性そのものを痛撃するからです。イスラエルは再び世界の宗教史の中心におのれの姿を見出したのです」[8]

反ユダヤ主義はユダヤ人をその「究極的な自己同一性」に召喚したとレヴィナスは書く。その点において、ユダヤ人は「彼らのためだけに取っておかれた特別の憎しみ」によって迫害されたというノーマン・コーンとレヴィナスは一致している。

「ホロコースト」はユダヤ人たちに、忘れかけていた聖史的召命を思い出させたのである。「六百万ユダヤ人――そのうち百万人は子どもたちだった――の受難と死を通して、私たちの世紀全体の贖いえない劫罰が開示された。それは他の人間に対する憎悪である。それは開示であり、黙示であった。（……）ふたたびイスラエルは聖書に記されている通り、万人の証人となり、その〈受難〉によって、万人の死を資に、死の果てまで進むべく呼び寄せられたのである」[9]

レヴィナスはユダヤ人の受難を偶発的な災禍とは考えない。それはユダヤ人がこの世界で果たすべき民族的な責務ゆえの必然なのである。ユダヤ人はそのために諸国民の中から選ばれたのである。

「選ばれた」という言葉を「特権」の用語で解してはならない。レヴィナスはそう書いている。それは「責任」の用語で理解されねばならない。[10]

「選びは特権から構成されているものではない。それは有責性によって構成されている。(……)他のすべての人々に対する道徳的義務が〈私〉には課されている。道徳性についての根源的直観とは、おそらく私は他者の等格者ではないと気づくことである。私は他者に対して責務を負っていると感じることである。それゆえに、私は私自身に対しては、他の人々に対するよりもはるかに多くを要求することになる」[11]

「私自身に対しては、他の人々に対するよりもはるかに多くを要求する」ような人間、レヴィナスはそのような人間であることをユダヤ人に要求する。

ユダヤ人は非ユダヤ人よりも世界の不幸について多くの責任を引き受けなければならない。神はそのためにユダヤ人を選ばれたからである。

レヴィナスは「聖なる民」に過大な要求をつきつける。

「聖性とは総じて他なるものには最優先権を譲らなければならないという確信のうちに存在するものです。それは開かれた扉の前で、『お先にどうぞ』(après vous)と言うことから始まって、他者のために、その身代わりとなって死ぬこと（それはきわめて困難なことですが、聖性はそれを要求しています）までをも含みます」[12]

自らを「神に選ばれた民」であると信じ、自ら「聖なるもの」であると思いなしている信仰者集団は世界のどこにも存在する。けれども、「救い」における優先権を保証せず、むしろ他者に代わって「万人の死を死ぬ」ことを求める神を信じる集団は稀有である。

「ユダヤ的知性」は彼らの神のこの苛烈で理不尽な要求と関係がある。この不条理を引き受け、それを「呑み込む」ために彼らはある種の知的成熟を余儀なくされたからである。

サルトル的な社会構築主義の立場を採るにせよ、レヴィナス的な「選び」の解釈を採るにせよ、いずれの場合も、ユダヤ人の側には「ユダヤ人であること」を主体的決意に基づいて選ぶ権利がなかったという点では変わらない。

サルトルによれば「ユダヤ人とは他の人々が『ユダヤ人』だと思っている人間」であり、レヴィナスによれば、それは「神が『私の民』だと思っている人間」のことである。この二人のユダヤ人定義はまったく似ていないようであるけれど、一つだけ共通するとらえかたがある。

それはユダヤ人とはある種の遅れの効果だということである。

ユダヤ人はつねに自己定位に先立って、先手を取られている。サルトルによれば、ユダヤ人は自分が何者であるかを、主体的な「名乗り」によってではなく、反ユダヤ主義者からの「名指し」によってしか知ることができない。レヴィナスによれば、聖史上のユダヤ人が口にする最初の言葉は「私はここにおります」(Me voici)という応答の言葉である。

どちらの場合も、ユダヤ人は「すでに名指され」「すでに呼びかけられたもの」という資格において、レヴィナスの術語を借りていえば、「始原の遅れ」(initial après-coup)を引きずって、歴史に登場する。

そのつどすでに遅れて世界に登場するもの。

それがユダヤ人の本質規定である。少なくともサルトルとレヴィナスという二十世紀を代表する哲学的知性がユダヤ人について唯一意見が一致した点である。この「始原の遅れ」の覚知こそが「ユダヤ的知性」(というよりは「知性そのもの」)の起源にあるものなのである(たぶん)。

5　サルトルの冒険

私はサルトルとレヴィナスを対比して、サルトルの理路の瑕疵を言い立てて、「サルトルは間違っている」と言いたいわけではない。むしろ、サルトルは正しい。ほとんどつねに正しい。だから今は顧みる人のないこのユダヤ人論においても、サルトルは他のどのような非ユダヤ人思想家よりもまっすぐに問題の本質に肉迫している。

しかし、それにもかかわらず、サルトルのユダヤ人論とレヴィナスのユダヤ人論の間には文字通り「千里の径庭」が横たわっている。この隔絶を私はサルトルに洞察が足りなかったことに由来するものとは思わない（サルトルに洞察においてまさる知性というものを私たちはほとんど想像することができない）。そうではなくて、非ユダヤ人がユダヤ人問題を論じるときの構えそのもののうちに、この「隔絶」は構造的に埋め込まれていると考えるのである。

サルトルによれば、ユダヤ人は一〇〇パーセント「状況的な存在」であり、ユダヤ人の側には「彼がユダヤ的であること」についての何の責任も何の権限もない。「ユダヤ的」と呼ばれるすべての民族的特性は反ユダヤ主義がユダヤ人に押しつけたものである。だから、反ユダヤ主義がその歴史的存在理由を失ったとき、ユダヤ人もまた同時的に消滅しなければならない。

それは「ユダヤ的な民族特性」なるものが存在しないということではない。反ユダヤ主義者が「ユダヤ人気質」(juiverie) として列挙するようなものは確かに存在する。けれども、そのすべては歴史的与件に規定されて物質化したものであり、歴史的要因という入力がなければ存在したはずのないものである。

「イスラエルの息子たちを結びつけているのは、その過去でも、その宗教でも、その土地でもない」。それは彼らが共有する「状況」である。[13]

「状況」がユダヤ人に授けた民族的特性をサルトルは気前よく列挙する。

知性、勤勉、理性主義、普遍的真理への情熱、近代的所有形態への固執……だが、それらはすべて反ユダヤ主義者が「そこ」に置いたものなのであって、ユダヤ人がもともと持っていたものでも、作り上げたものでもない。反ユダヤ主義に媒介されずにユダヤ人のうちにあらかじめ存在するものは何もない。それどころか、どのような中立的な形質であれ、ひとたびユダヤ人の所有に帰すや、それは「ユダヤ人性」の際立った徴候として解釈可能となる。

「反ユダヤ主義者はユダヤ人が知性的で勤勉であることを喜んで認める。自分の方が劣っていると認めさえするだろう。これくらいの譲歩は彼らにとっては少しも苦にならないからだ。そういった美質を反ユダヤ主義者はかっこに入れる。そのような美質を身に備えた人間とはもともと固有の価値に乏しい人間であると解釈するのだ」[14]

この分析は反ユダヤ主義者の採用した巧妙な引き算のロジックをみごとに言い表している。知性があり、教養に富み、芸術的感覚にすぐれ、権力を備え、富裕である……といった美質をユダヤ人がどれほど備えていようとも、まさに「美質が豊かに備わっている」という当の事実が、そのようなものを過剰に備えていない限り、フルメンバーに数え入れてもらえないユダヤ人の本質的な赤貧を露呈させている、というのが反ユダヤ主義者の解釈なのである。

ユダヤ人は非ユダヤ人よりも多くの努力をしなければ、非ユダヤ人と同格に扱ってもらえないというハンディを負ったものとして定義される。その定義が「あらゆる逃走を不可能にする」。なぜなら、非ユダヤ人に倍する努力をして、非ユダヤ人の持たない美質を身につけることによって、ユダヤ人は進んでおのれの「出自における赤貧」を語ってしまうからである。ユダヤ人は自分がユダヤ人であることを否定するわずかによけいな身ぶりによって、自分がユダヤ人であることを暴露する存在として構造化されている。サルトルはこう書く。

「ユダヤ人は勇敢であるか怯懦であるかを選ぶことができるし、悲痛であるか陽気であるかを選ぶことができるし、キリスト教徒を殺すことも愛することもできる。けれども、ユダヤ人でなくなることを選ぶことだけはできない。もし彼がその道を選び、ユダヤ人などというものは存在しないと宣言したとしても、彼のうちなるユダヤ人的性格を暴力的に、絶望的に否認したとしても、まさにそのふるまいを通じて彼はユダヤ人となるのである。（……）ユダヤ人が『ユダヤ民族は存在しない』と決定したとしても、その挙証責任はユダヤ人に帰する。ユダヤ人であるとは、ユダヤ的状況のうちに投じられ、見捨てられていることなのである[15]」

　反ユダヤ主義者がユダヤ人を追いつめるときのロジックの魔術性はまさにここにある。ユダヤ人は自分のユダヤ人性を否定することで、ユダヤ人性を露呈する（そんなことをするのはユダヤ人しかいないからだ）。一方、反ユダヤ主義者は自分について何も言う必要がなく、何を論証する必要もない。

「反ユダヤ主義者は自惚れない。彼は自分のことを中位の人間、真ん中よりちょっと下くらいの人間、ありていに言えばかなりできの悪い方の人間だと思っている。反ユダヤ主義者が自分はユダヤ人より個人的に優れていると主張した例を私は知らない。しかし、彼はそのことをまったく恥じてはいないのである。彼はその状態に満ち足りている。その状態を彼は自分で選んだからである[16]」

　反ユダヤ主義者は「満ち足りた人間」であり、そのような人間であることを「自分で選んだ」。

　ここにユダヤ人と非ユダヤ人を隔てる決定的な境界線がある。

反ユダヤ主義者とは自分が何者であるかをあまりに深く確信しているために、それについて考える必要がない人間のことである（それは「金持ち」の定義が「金について考える必要がない人間」であることと同じである）。反ユダヤ主義者は自分自身が何者であるのか、この社会でどのような社会的機能を果たしているのか、他者とどのようにかかわっているのか、自分にはどのような歴史的使命が託されているのか……といったことをまったく考える必要がない。彼は「ここ」にいるという事実によってすでに「ここ」にいる権利を確保し終えている。だから、彼は誰に対してもアカウンタビリティを負わない。自分が「ここ」にいることの理由や意味について、彼は考える必要がない。端的に「考える」ということ自体を彼は必要としないし、誰も彼にそれを求めないのである。

「反ユダヤ主義者にとっては、知性はユダヤ的なものである。だから、彼は知性を（それ以外にユダヤ人が所有しているさまざまな美質とともに）心静かに軽蔑することができる。それらの美質は、ユダヤ人が彼らに欠けているバランスの取れた凡庸さの代用品として用いるまがい物にすぎない。その故地、その国土に深く根づき、二千年の伝統に養われ、父祖の叡智を豊かに受け継ぎ、風雪に耐えた慣習に導かれて生きる真のフランス人は知性など必要としないのである」[17]

すでに欲しいものを所有しているために、新たに何かを獲得する必要を感じない「バランスの取れた凡庸さ」のうちに自足した人間。サルトルは反ユダヤ主義者の肖像をそんなふうに描き出した（私たちはモレス侯爵のうちにこの肖像をほとんどそのまま見ることができる）。

しかし、これはまたサルトルが描いていた「ありうべき人間」の姿と隔たること遠い肖像であると言わなければならない。

人間はおのれの属性のすべてを状況に身を投じることを通じて主体的に構築しなければならない。歴史的状況との相互規定を通じて構築されたのではないような属性は存在しない。サルトルの実存主義とはまさにそう教えるものだった。だとすれば、反ユダヤ主義者とは、実存主義的にゼロであることを主体的に選択した人間だということになるだろう。

ならば、その逆に、ユダヤ人こそ、その語の真の意味における「実存主義者」だということにはならないであろうか。

なぜなら、本質的に赤貧であるユダヤ人はおのれの自己同一性を実存的な努力によって構築せねばならず、にもかかわらず、そうやって獲得したものはそのつど無価値なものという宣告を受け、あらたな獲得目標に向けての競争に駆り立てられるからである。

自分が自分であることという平明な事実のうちに安らぐことはユダヤ人には決して許されない。彼らは「自分は何者であるのか、どのような社会的機能を果たしているのか、他者とどのようにかかわっているのか、どのような歴史的使命が託されているのか……」といったことに、ほとんどそのことだけに思念を集中させなければならない。

「ユダヤ人は単に行動するとか単に思考するということができない。ユダヤ人は行動する自分をみつめ、思考する自分をみつめる。（……）ユダヤ人が内省を通じて自らのうちに見出そうとしているのは人間ではなく、ユダヤ人なのであるが、彼らがそうするのは、ユダヤ人を否認するためなのである。（……）ここからユダヤ人がしばしば彼ら自身を笑いものにするあのユダヤ的皮肉の特殊な性質も説明される。それは自分を外から眺めようとする絶え間ない試みなのである[18]」

ユダヤ人は行動する自分を見つめ、思考する自分をみつめるように呪われているとサルトルは書く。しかし、この呪いは本来すべての人間にかけられたものではなかっただろうか。人間は端的に人間であるのではなく、他人からの承認を迂回してはじめて人間になる（「自己意識はただ承認されたものとしてのみ存在する」）と書いたのはヘーゲルではなかったか？

だとすれば、ユダヤ人はその歴史的状況ゆえに端的に人間的であることを宿命づけられていることになる。サルトルはまさにそう書いているように私には思われる。

「ユダヤ人はあらゆる種類の知識をむさぼるように吸収するが、それを中立的な向学心と混同してはならない。というのは、ユダヤ人は人間に関するあらゆる知識をかき集め、宇宙に対する人間的視座を獲得することによって、『人間』に、純粋な人間、普遍的な人間になろうとしてそうしているからだ。ユダヤ人が教養を身につけるのは、彼らのうちなるユダヤ人を破壊するためなのである[19]」

個別的・歴史的なエスニシティやナショナリティを脱ぎ捨てて、「端的に人間的であること」を目指すのは、諸国民のうちただユダヤ人だけである。だから、ユダヤ人は「端的に人間的であろうとする」まさにそのみぶりによって、彼がユダヤ人であることを満天下に明らかにしてしまうのである。

ユダヤ人がユダヤ人である時、彼はユダヤ人である。ユダヤ人がユダヤ人でなくなろうとする時も彼はユダヤ人である。ユダヤ人はユダヤ人であることによって罰せられ、ユダヤ人でなくなろうとすることによって罰せられる。ユダヤ人を捕らえているこの「ダブル・バインド」状況をサルトルはみごとに看破している。

けれども、それにもかかわらず、私はそれでもサルトルの説明で納得することができない。というのは、なぜ他ならぬユダヤ人だけが、このような出口のない状況にあらゆる時代あらゆる場所で繰り返し追い込まれるのかという根源の問いにはサルトルは結局答えていないからである。

サルトルはユダヤ人問題の「起源」についてはこれを不問に付す。その代わり、ユダヤ人問題の「帰結」についてはきわめて明快な言葉を書き付けている。

ユダヤ人は反ユダヤ主義者が作り出したものである。だから反ユダヤ主義者を一掃すれば自動的にユダヤ人も一掃される。単純な理屈だ。

反ユダヤ主義者が試みてきたのは「社会の階級的分化に抗して国民的統一を実現せんとする情熱的努力」である。「相互に対立し合う敵対集団に共同体が瓦解するのを防ぐために、共通の情熱の温度を高め、集団間の隔壁を溶解させようとしたのである」[20]。

すべての社会矛盾をただ一つの根本的矛盾のうちに溶かし込み、「生け贄の山羊」にすべての穢《けが》れを塗り込めて殺してしまえば、社会は原初の清浄を回復する。そう考えて反ユダヤ主義者は富者と貧者、無産階級と有産階級、顕在的権力と潜在的権力、都会人と地方人……すべての対立をユダヤ人と非ユダヤ人の対立に集約した。

「つまり、反ユダヤ主義は階級闘争の神秘的、ブルジョワ的表象の一つに他ならないということであり、反ユダヤ主義は階級なき社会には存在しえないだろうということである」[21]

こうしてサルトルはユダヤ人問題解決の処方箋を驚くほど簡単に手に入れてしまう。

「反ユダヤ主義者を消滅せしめるには社会主義革命が必要でありかつ十分であるということ以外に言うべきいかなる言葉があろうか[22]」

この教条主義的な常套句だけを残して、サルトルのユダヤ人論は不意に終わってしまう。この文章が書かれてから半世紀が経って、サルトルの予見が実現しなかったことを歴史的事実として知っている私たちとしては、今改めてこの結論に「言うべきいかなる言葉」も持たない。「社会主義革命」はあったが反ユダヤ主義はなくならなかった。「階級なき社会」はあったが反ユダヤ主義はなくならなかった。豊かな社会でも貧しい社会でも、民主主義社会でも独裁制国家でも、反ユダヤ主義はなくならなかった。反ユダヤ主義はどのような歴史的状況の下でも甦った。反ユダヤ主義を「消滅させる」状況的要件が何なのかを私たちはいまだに知らない（だから「ユダヤ人」を消滅させるために「民族皆殺し」以外にどのような政治的要件がありうるのかも、いまだに知らない）。

結局サルトルは反ユダヤ主義の起源についても未来についても、内容のあることは何も語らなかった。ただ、「反ユダヤ主義が存在する」という現事実を語ったにすぎない。同じように、サルトルはユダヤ人の起源についてもその未来についても内容のあることは何も語らなかった。ただ、「ユダヤ人が存在する」という現事実を語ったにすぎない。

反ユダヤ主義もユダヤ人も歴史過程とは無関係につねに現事実として存在する、、、、。サルトルは少なくともそのことだけは私たちに教えてくれた。

ユダヤ人はこの「世界」や「歴史」の中で構築されたものではない。むしろ、私たちが「世界」とか「歴史」とか呼んでいるものこそがユダヤ人とのかかわりを通じて構築されたものなのではないか。そのめまいのするような仮説を吟味する時間が来たようである。

6　殺意と自責

ユダヤ人は「彼らのためだけに取っておかれた特別の憎しみ」によって狩り立てられたという直感を得たノーマン・コーンは復員後、『ジェノサイド許可証』（前出『シオン賢者の議定書』の原題名）という挑発的な題名を持つユダヤ主義研究書を書いた。私は最初それをレオン・ポリアコフの仏訳（一九六七年発行）で読み、そのあと原著の第三版（一九八一年発行）を読んだ。読み比べて、英語版からはコーンが「ユダヤ人はなぜ憎まれるのか？」という問いを主題的に論じた最終章が削除されたことを知った。仏訳への序言で、その章が出版直後から物議を醸したとコーンは書いていたから、版を重ねたときに政治的配慮から削除されたのかも知れない。事情はわからない。しかし、私にはその削除された最終章がいちばん面白かった。そこでコーンは驚くべき思弁を展開していたからである。その所論をここに要約しておきたい。

ユダヤ人がその社会では特異な少数民族集団でありながら、何の迫害も受けることなく通常の社会生活を営んでいる場所がある。

「過去二千年間、ユダヤ人集落はインドと中国においては、どのような特異な関心も惹きつけることなく、平穏な生活を送ってきた[23]」

もしかすると、インドや中国におけるあり方の方がユダヤ人にとっての「当たり前」なのかも知れない。そうだとすると、ジェノサイドにまで亢進するようなヨーロッパの狂信的な反ユダヤ主義こそ「特異な様態」と考えるべきではないか。

だが、どのような点においてヨーロッパは「特異」なのか。

「絶滅的な反ユダヤ主義が燃えさかるのは、ユダヤ人が大衆の想像の中で、ユダヤ人以外の人類を殲滅し、支配しようと企む悪の集団的な化身となっている場合に限られる。この種の反ユダヤ主義はユダヤ人が現実生活で果たしている社会的役割とは何の関係もない。（……）現に、このような反ユダヤ主義は一度もユダヤ人を見たことのない人々、何百年も前からユダヤ人がいなくなった国々でも出現する[24]」

現実に存在しないユダヤ人に対してさえ恐怖や憎悪が発動することは日本における反ユダヤ主義の歴史で見た通りである。おそらくユダヤ人についての「物語」がどこかで再帰性の強い民話や恐怖譚に構造的に通じているせいだろう。

恐怖譚はそれぞれの社会の構造的に「弱い環」を物語的な仕方で表象している。近代反ユダヤ主義は近代人が何を恐れていたのかを雄弁に語っている。では、近代人が恐れたものとは何か？

「狂信的な反ユダヤ主義者の眼には、ユダヤ人は（……）近代そのものの、より正確には時代のもっとも不安で壊乱的な側面の象徴でもあった。（……）このとき、現代に違和感を覚えている人々、現代社会にうまく適合できない人々は、ユダヤ人のうちに彼らが憎悪している文明の化身を見たのである」[25]

しかし、実際に近代文明を作り上げ、都市化を選び、田園的ゲマインシャフトを棄てたのはユダヤ人ではなく、ヨーロッパ人自身である。自分自身がしたことを否認し、その加害者を外部に投影し、自身をその被害者に擬するというのは精神分析的にはよく知られた機制である。コーンはそれに類することが集団的規模で生じているのではないかと考える。

「この種の反ユダヤ主義において、ユダヤ人は無意識の水準では（……）〈悪しき父〉、子供を折檻し、処罰し、殺害する父を表象している。（……）少し考えれば得心がゆくことだが、キリスト教とヨーロッパの、ユダヤ民族に対する歴史的関係は、ユダヤ人にほとんど不可避的に、集団的な父性表象の役割を賦与してきた。ユダヤはヨーロッパ民族の大多数よりも古い、その起源を知られない民であるが、それだけにとどまらない。ユダヤ教はそれと競合する宗教の母胎でもある。しかし、おそらくもっとも重要なのは、父と子の属性を併せ持ったキリスト教の父とは違って、ユダヤ人たちの父は専一的に父だったということである」[26]

それゆえ、ユダヤ人たちは、キリスト教社会において、「恐るべき〈父〉を連想させるエディプス的投影の理想的な標的」[27]とみなされる。子供はこの「悪しき〈父〉」、「恐るべき〈父〉」を憎み、殺害し、完膚なきまでに破壊することを切望すると同時に、そのような攻撃的感情を抱いている自分自身に強い有責感を覚える。そして、この有責感が外界に投射されたとき、それは「悪魔」として表象される。

気をつけて欲しいのだが、「悪魔」とは「父」のことではない。「父」に対する「子ども」の側の「殺意」とそれに対する「有責感」が同時にそこに存在するとき、「悪魔」は造形されるのである。

誤解されることを恐れずに言えば、「殺意」はある意味では自然なものである。憎む相手を殺している自分の姿を想像することがしばしば解放感や爽快感をもたらすことを私たちは知っているし、おのれの邪悪さを懺悔することや、おのれの非をあからさまに告白することが激しいカタルシスや解放感をもたらすことも私たちは知っている。

それはつまり、殺意も有責感も、どちらも単独では、それほどに深く人間を損ないはしないということである。もっぱら邪悪な人間も、もっぱら反省ばかりしている人間も、いずれもそれほどには有害な存在ではない。シンプルマインデッドに邪悪な人間には敬して近づかなければよいし、常住坐臥《ざが》自分の罪責をくよくよ反省している人間はそこらに放り出していても、気鬱なだけで誰にも迷惑はかからない。危険なのは、殺意を抱きつつ同時にそのことについて有責感を抱いている人間である。そういう人間はあまり強い有責感ゆえに、「自分が殺意を抱いている」という事実そのものを否認するからである。

「引き受け手のいない殺意」、それが「悪魔」の正体である。

この機制についてもっとも深い分析を試みたのはフロイト Sigmund Freud（一八五六－一九三九）である。フロイトは『トーテムとタブー』で、この「引き受け手のいない殺意」のメカニズムについて、大胆な仮説を提示した。

「敵意はその敵意の対象たる死者に移されることによって防御されるのである。われわれは、正常であると病的であるとを問わず、精神生活においてしばしば繰り返されるこの防御過程を投射 Projektion と呼ぶ。遺族は、愛する故人にたいしてかつて敵対的感情を抱いたことはないと否定する。ところが死者の霊の方は敵意を抱いていて、服喪の全期間を通じて敵意を示すことをやめないであろう。（……）死者にたいする感情、これは充分に確証されたわれわれの仮定からすれば二つ——情愛と敵意——に分裂しているのだが、この感情が死別のさいに二つとも現われるのである。一方は哀悼の念として、他方は満足感であるとして。この二つの対立のあいだには、葛藤が起こらずにはいない。ところが対立するものの一方、つまり敵意は——その全部が、あるいはかなり大きな部分が——無意識なのである」[28]

フロイトは「悪魔」を、愛する人と死別したあとに遺族が感じる「強迫自責」についての分析から導き出す。

強迫自責についてフロイトはこう書いている。

「妻が夫に、娘が母に死別した場合、あとに残された者は、自分の不注意か怠慢のために愛する人を死なせたのではないかという痛ましい疑惑、これをわれわれは『強迫自責』Zwangs-vorwürfe と呼ぶのであるが、こうした疑惑に襲われることがよくある。自分がどんなに心こまやかに病人の看護をしたことかと思い返してみても、また言われるごとき死者にたいする責任はないと事実に即してはねつけてみても、この悩みを片づけることはできない[29]」

なぜ「片づけることができない」のかと言えば、この強迫自責には根拠があるからである。「やはり喪に服する人の心に何ものかがあったのである。つまりその人自身にも意識されない願望である。この願望は死を不満とせず、もし力さえあれば死を招きよせたかもしれない。この無意識的願望にたいする反動として、愛する者の死後に自責の念が現われるのである。やさしい愛情のかげに無意識的に隠されているこのような敵意は、ある特定の人物にたいする感情の強度な結びつきが示される場合には、かならずといっていいほど存在するのである[30]」

フロイトを読むときには注意が必要だ。彼の提出する新規な概念にはしばしば「表の意味」と「裏の意味」があるからである。そのような両義性の葛藤のうちにフロイトはその操作概念の力を見出している。

『トーテムとタブー』の文章を素直に読むと、そこにはこう書かれている。

私たちは愛する人の死を無意識に願っている。そして、実際に愛する人が死んでしまうと、その無意識的願望のせいで愛する人を死に至らしめてしまったのではないかという自責の念に苛まれる。その自責の苦しみが耐え難いので、私たちはそれを自分の内側に根拠を持つものではなくて、外部から到来する「敵意」として解釈することで、つかのまの安心を得ようとする。私には非がないのだが、なぜか私は激しい呪詛と憎悪の標的とされているという「物語」に逃げ込むのである。内的葛藤は外部からの攻撃に読み替えられる。こうして、今や「死者は邪悪な魔神となって、われわれが不幸に見舞われれば満足をおぼえるのであり、またわれわれに死をもたらそうと努めるのである[31]」

ノーマン・コーンはおそらくフロイトのこの「投射」論を素直に読んで、反ユダヤ主義はこの「投射」のメカニズムがもたらしたものだと考えた。たしかに、そういう読み方をすると、反ユダヤ主義の心理はかなり理解しやすいものとなる。

子供が父親への殺意を抑圧するとき、無意識のうちに抑圧されたこの殺意は「子供を殺そうとする怪物」に投射されて外界から帰還する。「悪しき父」の形象はこのようにして「憎悪されるにふさわしい怪物」に変容し、「迫害者の相貌」を得ることになる。[32]

事実である。中世以来、キリスト教徒がユダヤ人を「父」の形象に即して見てきたことは周知の図像学的事実である。

「民衆芸術はしばしばユダヤ人を高齢の老人（すなわち悪魔）として、長い髭《ひげ》をたくわえ、角と尻尾を生やした、残忍な表情の怪物として描いてきた」[33]

もちろんユダヤに割り当てられた図像はそれだけではない。ユダヤ人はときには蛇に、あるいは蠍に、あるいは豚に、あるいは「盲目の若い女」（シナゴーガ）に擬せられて、中世のキリスト教徒たちの荒々しい想像力を喚起してきた。けれども、もっともドミナントなのは「高齢の老人（悪魔）」としてのユダヤ人意匠である。

中世の版画では、残虐な表情の老人たちが、無垢な子供（それはしばしば幼子イエスを象《かたど》っていた）をいたぶり、その生き血を啜っている図像が好んで採録された。

このような「老いたる迫害者」の表象は、ユダヤ人以外の被迫害少数民族集団についてはあまり観察されることはない。北米における黒人差別には、あきらかに黒人の身体能力の高さに対する白人の神話化された「恐怖」が伏流しているが、黒人の「賢者」たちが世界を実質的に支配しているというような妄想を抱く白人はいない。

コーンはこの「特別な憎しみ」を他ならぬ非ユダヤ人自身の「自責」がユダヤ人に投射されたものとして解釈した。そうでなければ、反ユダヤ主義者たちが「暗黒の力と戦う天使団として、ドラゴンを倒す聖ミカエルの集団として」[34]、無防備の人々（そこには幼児や老人も含まれていた）を虐殺しながら、それをいささかも恥じることなく、「勇猛無比の、危険に満ちた戦い」であると総括することができた事実を説明できないと考えたからである。

コーンはこう書いている。

「だが、それも驚くには当たらない。なぜなら彼らが敵だと信じていたものは、彼ら自身の攻撃性が外化したものに他ならないからだ。だから、彼らの無意識的な有罪感が強まれば強まるほど、想像上の敵は一層凶悪なものとして顕現してくるのである」[35]

コーンのフロイト的解釈によれば、反ユダヤ主義者は鏡に映ったおのれの凶悪な相貌に恐れをなし、絶望的な悲鳴を上げながらその鏡像を打ち砕いていたのである。

たしかにそのような解釈を許す事例なら、私たちはいくらも挙げることができる。例えば、第三帝国末期、ユダヤ人問題の〈最終的解決〉が組織的に進行するにつれて、ナチのユダヤ人に対する恐怖はむしろ亢進していった。それも当然で、ユダヤ人殲滅が着々と達成され、ドイツの支配地域からユダヤ人が根絶されるにつれて、第三帝国の戦況がますます劣勢となっていったからである。この事態は、ユダヤ人が「諸悪の根源である」というナチのイデオロギーが正しいという前提に立つ限り、すべての連合国政府がユダヤの傀儡であるばかりか、第三帝国の枢要な機関も（あるいはヒトラー自身までもが）ユダヤ人にひそかにコントロールされているという以外には説明のつけようがない。

ナチ宣伝相ゲッベルス Joseph Paul Goebbels（一八九七－一九四五）は「ユダヤ人の世界支配の陰謀」をまじめに信じるほどナイーブな人間ではなかったが、このシニックなデマゴーグでさえ、ベルリン陥落前夜には（彼自身が「偽書」だと知って宣布していたはずの）「シオン賢者」の存在を信じ始めていた。

サルトルやコーンの言うとおり、そのようなユダヤ人像を作り出したのは反ユダヤ主義者自身である。「恐るべきユダヤ人」とは、反ユダヤ主義者自身の恐怖と憎悪とを投射した「魔神」の影だったのである。

けれども、私はフロイトをもう少し素直でない読み方で読みたいと思う。

強迫自責から魔神が導出されるプロセスはおそらくフロイトの言う通りなのだろう。けれども、強迫自責という機制においていちばん悪魔的なのは、愛する人の死を「無意識に願っていた」というのがほんとうかどうか、誰にも確かめようがないということである。

フロイトは「やはり喪に服する人の心に何ものかがあったのである。つまりその人自身にも意識されない願望である」と書いているが、私はこのような危険な言明に簡単に同意することは自制するようにしている。

無意識的殺意がまずあって、意識することが不快なその心的過程が抑圧され、それが強迫自責を経て、やがて「悪魔」にかたちを変えるというプロセスは、フロイトの言うように継起的なものなのだろうか？　原因があって、それが結果をもたらすというようなわかりやすいプロセスなのだろうか？

対立や葛藤というものについて私たちが知っていることは（逆説的に聞こえるだろうが）、対立や葛藤は対立し、葛藤しているものを相殺するのではなく、むしろ強化するという経験的事実である。

そういうものなのだ。

私は先に「殺意を抱きつつ同時にそのことについて有責感を抱いている人間」の方が「端的に殺意だけを抱いている人間」よりも危険だと書いた。それは殺意と有責感の葛藤は、葛藤がない場合よりも多くの心的エネルギーを殺意と有責感の両方に備給するからである。「単なる殺意」よりも「有責感を帯同する殺意」の方が、殺意の根が深い。そんなことは私たちにとっては日常的にほとんど自明のことがらである。それをすることが規範的に禁圧されている種類の行動は、そうでない行動よりもはるかに激しく私たちの欲望を喚起する。だから私たちの社会では、ほとんどの殺人事件が家庭内や恋人同士や友人同士の間で起こるのである。

けれども、その事実を「親しい人間に対して、私たちはつねに無意識の殺意を抱く」というふうに「合理的に」解釈すると、推論の方向を誤ることになる。

おそらくことの理路は逆なのだ。

私たちは愛する人間に対してさらに強い愛を感じたいと望むときに無意識の殺意との葛藤を要請するのである。葛藤がある方が、葛藤がないときよりも欲望が亢進するから。

親しい人に対する殺意や敵意が誰にでも潜在的にあって、それが抑圧されるというような単純な話ではおそらくない。まず愛情や欲望があり、それをさらに亢進させようと望むとき、私たちはそれと葛藤するような殺意や敵意を無意識的に呼び寄せるのである。

通常、愛する人と死別した後、私たちの死者に対する愛情は生前よりも深まる。死者を深く哀悼することに私たちは全身全霊をあげて打ち込む。もっともっと愛したいと私たちは欲望する。そのような激しい欲望の中で、私たちは死者に対する愛情が爆発的に亢進する心理的な「劇薬」へと無意識のうちに導かれる。それは、「私はひそかに愛する人の死を願っていたのではないか」という自責に灼かれることである。このような無意識的な殺意はもちろん全力をあげて抑圧されねばならない。抑圧のために、備給しうるかぎりの愛情がそこに注ぎ込まれる。私は死者に対してこれほど豊かな愛情を抱いていたのだという確信を得るために、私たちは「愛する人の死を願う」無意識的願望を道具的に利用するのである。

フロイトはそのようにも読める。私はそのように読んだ。

だから、自分は愛情が深い人間だと思っており、かつその愛情の深さを絶えず確認したいと望む人間ほど危険な存在はない。彼らはいずれ「愛する人の死を願う」ことで自分の中の愛情を暴走的に亢進させることができるという「殺意ドーピング」の虜囚になるからである。

反ユダヤ主義者はどうして「特別の憎しみ」をユダヤ人に向けたのか？　どうしてそれは「特別の」と言われるのか？

これに答え得た人はこれまでにいない。少なくとも私を納得させる答えを出してくれた人はこれまでにいない。

私がこれから書くのが、私に唯一納得のゆく答えである。

それは「反ユダヤ主義者はユダヤ人をあまりに激しく欲望していたから」というものである。

7 結語

そろそろ結論めいたことを書かなければならない。

私は前に次のような言葉を書き記した。

ユダヤ人は「すでに名指され」「すでに呼びかけられたもの」という資格において（レヴィナスの術語を借りていえば、「始原の遅れ」を引きずって）はじめて歴史に登場する。

そのつどすでに遅れて登場するもの。

この規定がユダヤ人の本質をおそらくはどのような言葉よりも正確に言い当てている。そして、この「始原の遅れ」の覚知こそ、ユダヤ的知性の（というより端的に知性そのものの）起源にあるものなのだ。

この言明と、前節の最後に記した、「反ユダヤ主義者はユダヤ人をあまりに激しく欲望していた」という言明の二つを併せて読んで頂ければ、私が本書で言いたかったことはほぼ尽くされている。

「ほぼ尽くされている」とは言っても、読者のみなさんにはやっぱり何のことだかよくわからないだろう。残された紙数で、できる限りの説明を試みたいと思う。

ユダヤ人は自分たちが「遅れて世界に到来した」という自覚によって、他の諸国民との差別化を果たした。私はそう考えている。

もちろん「造物主」が世界を造り、それに遅れて「被造物」が到来したというシーケンシャルな創造説話はどのような宗教にも共通している。だが、ユダヤ人の被造意識はそのようなものとは違う。ユダヤ人はむしろ、私たちが「被造物」としてこの世界に現に到来したという原事実から出発して、「造物主」が世界を創造したという「一度として現実になったことのない過去」を事後的に構築しようとしたのである。

たいへんにわかりにくいことを書いていることは私自身にもよくわかっている。けれども、もう少し我慢して読み続けて頂きたい。

宗教、あるいは端的に「神」という概念がどのように生まれたのかについては広く承認されている理論がある。罪深い行為がまず行われ、それが無意識に抑圧されるとき、その有責感が外部に投影され、「強力な迫害者」の形象をとって戻ってくる（この機制を「投射」ということは先に述べた）。フロイトはこれを「原父殺害」というシナリオに即して論じた。

「原父」とはチャールズ・ダーウィンの用語で、原始の部族社会に君臨し、すべての女を独占していた「最強の男」のことである。しかし、知られている限り最古の社会集団は実際にはこのようなものではなかった。それは「男子結合体」、つまり母を同じくする兄弟たちの集団であった。どこかで社会集団は父を中心とする群から兄弟たちの群に移行したのである。その(存在が知られていない)父群集団から兄弟群集団への移行をフロイトは次のような仮説によって説明する。

「ある日のこと、追放された兄弟たちが力をあわせ、父親を殺してその肉を食べてしまい、こうして父群にピリオドをうつにいたった。彼らは団結することによって、一人ひとりではどうしても不可能であったことをあえてすることになり、ついにこれを実現してしまう。(……)暴力的な父は、兄弟のだれにとっても羨望と恐怖をともなう模範であった。そこで彼らは食ってしまうという行為によって、父との一体化をなしとげたのである。父の強さの一部をそれぞれが物にしたわけである。おそらく人類最初の祭事であるトーテム饗宴は、この記憶すべき犯罪行為の反復であり、記念祭なのであろう。そしてこの犯罪行為から社会組織、道徳的制約、宗教など多くのものが始まったのである」[36]

原父の殺害は兄弟たちに深い有責感を残した。ここから罪悪感を緩和し、侮辱された父を宥《なだ》める試みとしてのトーテミズムが発祥する。兄弟たちは父の殺害に対する自責から「(父の記号である)トーテムを殺してはならない」という宗教的禁令を導き出し、父の運命の反復を避けるために「（父の複製である）兄弟を殺してはならない」という社会的禁令を導き出した。そして、この「兄弟を殺してはならない」が「汝殺す勿《なか》れ」という戒律にかたちを変えて宗教が成立する。これがフロイトの「原父殺害」のシナリオである。

「トーテム宗教は息子たちの罪意識から生じたものであり、この罪悪感をやわらげ、侮辱された父親を事後服従によってなだめようとする試みだったのだ。後代の宗教はすべて、この同じ問題を解決しようとする試みであることが分かった（……）宗教はすべて、文化の発端となり、しかもそれ以来人類をおちつかせることのない、先に述べた大事件に対する、目的を同じくした反作用なのである」[37]

「神とは要するに高められた父にほかならない」[38]とフロイトは書く。

人類史の黎明期における「原父殺害」にすべての宗教の起源を帰すというこの仮説を私たちはとりあえず黙って読むことにする。私はフロイトの記述とは時間の順逆が違ったかたちで宗教は（少なくともユダヤ教は）発生したと考えているけれど、その話をするためにはどうしてもフロイトを迂回する必要があるからである。

私たちが確認しておかなければならないのは、「文化の発端となり、しかもそれ以来人類をおちつかせることのない、先に述べた大事件」は宗教の起源であると同時に反ユダヤ主義の起源でもあったということである。

反ユダヤ主義は人類史においてはトーテム宗教と同じだけ「古い」。

もちろん、それは殺害された「原父」がユダヤ人であったという意味ではない（それはまだいかなる民族集団も発生するより前の時代の出来事だ）。そうではなくて、まず、罪深い行為が犯され、ついで、それについての有責感が外部に「投射」されて「恐るべき父」の像を結び、それに対する恐怖に動機づけられた慰撫の試みが共同体の倫理や「神」の概念を導出する……という「原父の物語」を拒絶する人々がいたということがおそらくは反ユダヤ主義の起源にある事実なのである。

遠い人類の黎明期のどこかで、古代の人々が「時間」と「主体」と「神」という三つの概念を立ち上げたとき、それとは違う仕方で「時間」と「主体」と「神」を基礎づけようとした人々がいた。

その人々がユダヤ人の父祖なのだと私は思う。

レヴィナスはユダヤ教の時間意識を「アナクロニズム」（時間錯誤）という語で言い表している。アナクロニズムとは「罪深い行為をなしたがゆえに有責意識を持つ」という因果・前後の関係を否定する。

「重要なのは、罪深い行為がまず行われたという観念に先行する有責性の観念です[39]」

驚くべきことだが、人間は不正をなしたがゆえに有責であるのではない。人間は不正を犯すより先にすでに不正について有責なのである。レヴィナスはたしかにそう言っている。

私はこの「アナクロニズム」（順逆を反転したかたちで「時間」を意識し、「主体」を構築し、「神」を導出する思考の仕方）のうちにユダヤ人の思考の根源的な特異性があると考えている。

この逆転のうちに私たち非ユダヤ人は自分には真似のできない種類の知性の運動を感知し、それが私たちのユダヤ人に対する激しい欲望を喚起し、その欲望の激しさを維持するために無意識的な殺意が道具的に要請される。

ユダヤ的思考の特異性と「端的に知性的なもの」、ユダヤ人に対する欲望とユダヤ人に対する憎悪はそういう順番で継起している。サルトルには申し訳ないけれど、ユダヤ人を作り出したのは反ユダヤ主義者ではない。やはりユダヤ人が反ユダヤ主義者を作り出したのである。

この行程を逆から見ると、反ユダヤ主義者がユダヤ人を憎むのは、それがユダヤ人に対する欲望を亢進させるもっとも効率的な方法だからという理路が見えてくる。

反ユダヤ主義者がユダヤ人を欲望するのは、ユダヤ人が人間になしうる限りもっとも効率的な知性の使い方を知っていると信じているからである。ユダヤ人が人間にとってもっとも効率的な知性の使い方を知っているのは、時間のとらえ方が非ユダヤ人とは逆になっているからである。そして、そのユダヤ人による時間のとらえ方は、反ユダヤ主義者にとっては、彼らの思考原理そのものを否定することなしには理解することのできないものなのである。

アナクロニズムとはどういう思考の仕方なのか、私の乏しい語彙でそれが説明できるかどうかは心許ないけれど、やれるだけやってみよう。

フロイトの「原父殺害」のシナリオによれば、人々は誰かを殺し、その凶行の事実が有責感を生み出し、それが隣人愛を命じる戒律と、「立法者としての神」の観念を生み出したことになる。しかし、レヴィナスはそういう順序では考えない。

ユダヤ教徒であるレヴィナスは人間にイニシアティヴを認めないからである。レヴィナスはそれを論証するために『マタイ伝』の二五章を引く。

「おまえたちは私を追い出し、私を狩り立てた」

「いつ私たちがあなたを追い出し、狩り立てたことがあるでしょう？」

「おまえたちが貧しい者たちに食べ物をあげることを拒み、貧しい者たちを追い払い、彼らに見向きもしなかったときに！」

レヴィナスはこの聖句（おそらくこれはマタイ以前からユダヤ教において口伝されていた聖句なのだろう）に次のような解説を加えた。

「他者に対して、私は食べること、飲むことから始まる有責性を負っているのです。いわば私が追い出した他者は私が追い出した神に等しいのです。（……）過失を犯していないにもかかわらず、罪の意識を抱くこと！　私は他者を知るより先に、存在しなかった過去のあるときに、他者にかかわりを持ってしまっていたのです」[40]

人間はまず何かをして、それについて有責なのではない。人間はあらゆる行動に先んじて、すでに有責なのである。レヴィナスはそう教える。

隣人を歓待すれば主に祝福され、隣人を苦しめれば主に呪われる、というような「勧善懲悪」のメカニズムのうちに人間はいるわけではない。もし、そうだとすれば、決定権は一〇〇パーセント人間に属し、神には何の権限も残されていないことになる。善行を積めば神の恩寵を得、悪行を行えば神の罰を受けるというのがほんとうなら、神は人間によって操縦可能だということになる。

だから、もし神が真にその栄光にふさわしい威徳を備えていることを望むなら、人間の主体的決断によってなしたことの当否を神が事後的に査定するという順序でことは進んではならないのである。人間は隣人を歓待するか追放するかの選択に先んじて、隣人を追放したことについて有責なのである。

『ヨブ記』のヨブは合理的に思考する近代人の祖型である。彼はその篤信の行いにもかかわらず恐るべき不幸に打ちのめされた。怒り嘆いて、ヨブは神に問う。自分の来歴を顧みても、ひとつとしてこのような受難の理由になる非行を私は犯してはいない。ヨブはよばわる。「ああ、できれば、どこで神に会えるかを知り、その御座まで行きたい。私は御前に訴えを並べたて、ことばの限り討論したい。私は神が応えることばを知り、私に言われることが何であるかを悟りたい[41]」

この問責に神はどう答えたか。レヴィナスを引く。

「『私が世界を創造したとき、おまえはどこにいたか』と『永遠なるもの』はヨブに問います。『たしかに、おまえは一個の自我である。たしかに、おまえは始原であり、自由である。しかし、自由であるからといって、おまえは絶対的始原であるわけではない。おまえは多くの事物、多くの人間たちに遅れて到来した。おまえはただ自由であるというだけではなく、おまえの自由を超えたところで、それらと結びついている。おまえは万人に対して有責である。だから、おまえの自由は同時におまえの他者に対する友愛なのだ』。『永遠なるもの』はヨブにこう語ったのでした。

自分が犯したのではない罪についての有責性、他者たちのための、その身代わりとしての、有責性[42]」

他者に対する友愛と有責性、人間の人間性を基礎づけるものをユダヤ教は「人間の始原における遅れ」から導出しようとする。この不条理を人間的条理として受け容れるためには、私たちはここでどうしても因習的な時間意識と手を切らなければならない。

ユダヤ教において、おそらく時間は私たちの因習的な時間意識とは逆に未来から過去に向けて流れている。この時間の転倒についてレヴィナスの言葉をもう少し聞いてみよう。
「私が隣人を名指すに先んじて、隣人は私を召喚している。それは認識のではなく、切迫(obsession)の形態である。(……)隣人に近づきつつあるとき、私はすでにして隣人に遅れており、その遅れの咎によって、隣人に従属しているのである。私はいわば外部から命令されている(外傷的な仕方で命令されている)のであるが、私に命令を下す権威を表象や概念によって内在化することがないのである」[43]

私たちは「外傷的」(traumatiquement)という副詞に注意を払う必要がある。

フロイトが「外傷」という言葉で指したのは、私の神経症の病因でありながら、私が決して「それ」と名指すことのできない経験のことであった。私は「それ」を決して主題化することができない。私の人格特性や語法そのものが、まさしく「それ」を意識できないように構造化されているからである。私がもし「それ」を語り得たとしたら、私はもう「私」ではないし、「それ」はもう「それ」ではない。そのように私の記憶の正史から排除されているがゆえに決して私によっては語り得ない経験、それをフロイトは「外傷」(Trauma)と命名した。

レヴィナスがここで「隣人からの命令」の到来を「外傷的な仕方」と呼んでいるのは、ただしくフロイトの「外傷」概念を踏まえている。誰がいついかなる権限に基づいて発した命令であるかを、命令された私は決して知ることができないような命令。

だから、その命令について、私はこう問うことができない。「私に命令するその権能は何に由来するのか?」「すでに私が有責であるというが、それは私が何をしたからなのか?」

私は歴史的にどのような事実があったかどうかにかかわらず有責である。私は隣人を歓待するか追放するかの選択をなす以前の過去においてすでに隣人を追放しているのだが、この追放の事実は、「いまだ到来しておらず、一度として現在になったことのない」出来事なのである。なぜなら、私自身が私自身の善性の最終的な保証人でなければならないからである。神への恐れ、神の下すであろう厳正な裁きの予感が私を善へと導くのではなく、善への志向は私の内部に根拠を有するものでなければならない。私がほんとうに自ら主を追い払い、その罰を主から受けることを恐れているとしたら、その有責感は単なる懲罰への恐怖にすぎない。私は善であるのではなく、単に恐怖しているにすぎない。

トーテム宗教が生み出すのはそのような「恐怖する子供」たちだけである。それは自らの良心に基づいて善を志向する成熟した「大人」ではなく、外部にある戒律に盲従して、処罰をまぬかれようとする「幼児」である。

だから、「神＝隣人を追い払う」という起源的事実は、善性を基礎づけるためには、決してあってはならないことなのであるにもかかわらず、私の善性を基礎づけるために、「かつて私は主を追い払った」という起源的事実にかかわる偽りの記憶を私は進んで引き受けなければならないのである。

実際に罪を犯したがゆえに、有責性を覚知するのではなく、有責性を基礎づけるために、「犯していない罪」について罪状を告白すること。それが「私は自分が犯していない罪について有責である」という言葉にレヴィナスが託した意味である。

この偽造記憶は外部に投射された自責のための擬制としてではなく、まぎれもない事実として受け容れられなければならない。にもかかわらず、罪深い行為は事実としては決して存在してはならない。なぜなら、事実として存在した瞬間に、私の有責性は私の外部に実定的な根拠を有することになり、それは倫理の問題ではなく、単なる「復讐」と「損害賠償」の法的問題に転化されるからである。

「目には目、歯には歯」を求める同罪刑法や「痛みの相称性」の原理はいかなる善性も基礎づけない。「他者」が私の罪を告発し、その告発に反応して私が有責感を覚知するという「因果応報」図式にとどまる限り、私の善性は決して基礎づけられない。そこには悔恨や恐怖や屈辱はあっても、善が存立する余地はない。

善が存立するためには、人間は「一度も存在したことがない過去」を自分の現在「より前」に擬制的に措定しなければならない。そのためにこそ、そのつどすでに取り返しがつかないほどに遅れて到来したものとしておのれを位置づけなければならないのである。

レヴィナスにおいて、隣人愛の倫理を究極的に基礎づけるのは、私に命令を下す神ではなく、神の命令を「外傷的な仕方」で（つまり間違った仕方で）聞き取ってしまった私自身である。人間は間違うことによってはじめて正しくなることができる。人間はいまここに存在することを、端的に「存在する」としてではなく、「遅れて到来した」という仕方で受け止めることではじめて人間的たりうる。そのような迂路によってレヴィナスは人間性を基礎づけたのである。

ユダヤ人はおそらくその民族史のどこかで、この「不条理」を引き受けられるほどの思考の成熟を集団成員へのイニシエーションの条件に課した。

幼い人々は善行が報われず、罪なき人が苦しむのを見ると、「神はいない」と判断する。人間の善性の最終的な保証者は神だと思う人は、人々が善良ではないのを見るとき、神を信じることを簡単に止めてしまう。「神はなぜ手ずから悪しき者を罰されないのか」「神はなぜ手ずから苦しむ者を救われないのか」。これは幼児の問いである。全知全能の神が世界のすみずみまでを統御し、人間は世界のありように何の責任もないことを願う幼児の問いである。

「なぜあなたの神は、貧しい者たちの神でありながら、貧しき者を養われないのか？」。あるローマ人が古代の伝説的な賢者であるラビ・アキバにそう尋ねたことがあった。そのときラビはこう答えた。「私たちが地獄の責め苦をまぬかれることができるようにするために」。

「人間の義務と責任を神が人間に代わって引き受けることはできないという神の不可能性をこれほどきっぱりと語った言葉は他にありません。人間の人間に対する個人的責任は神もそれを解除することができないような責任なのです」[44]

レヴィナスはこの逸話をこういう言い方で解説している。

人間の人間に対する個人的責任は「神もそれを解除することができない」。「神もそれを解除できない」のは、人間の責任があまりに大きく重く、神の手に余るからではない（そのような神はその名に値しないだろう）。そうではなくて、人間の責任が「実在するもの」ではないからである。責任は事実的にそこにあるのではない。そうではなくて、「私は有責である」と宣告する人間の出来《しゅったい》と同時に出来するのである。「貧しき者を養うのは私の責任である」と名乗る人間の出現とともに「貧しき者を養う責任」という概念それ自体が世界に誕生するのであり、引き受ける人間のいない責任は「責任」というかたちではこの世界に存在することができない。

それはちょうど「引き受け手のいない敵意」が「悪魔」を作り出すフロイト的行程とは逆の仕方で構造化されている。

「ホロコースト」の後、第二次世界大戦を生き延びたユダヤ人たちは、当然ながら深い信仰上のつまずきに遭遇した。「なぜ、私たちの神はみずから選んだ民をこれほどの苦しみのうちに見捨てたのか」という恨めしげな問いを多くのユダヤ人は自制することができなかった。中には信仰を棄てるものもいたし、権謀術数や軍事力でしか正義は実現できないというシニスムに走るものもいた。そのような同時代人に向けて、レヴィナスはユダヤ教正系の立場から、それは幼児のふるまいに等しいと諭している。

「罪なき人々の受難」という事実からただちに「神なき世界」、人間だけが「善」と「悪」との判定者であるような世界を結論するのはあまりに単純で通俗的な思考といわなければならない。おそらくそのような人々は神というものをいささか単純に考えすぎているのだ。レヴィナスはそう告げる。

「神は善行をしたものには報償を与え、過ちを犯したものを罰し、あるいは赦し、その善性ゆえに人間たちを永遠の幼児として扱うものであると思いなしているすべての人々にとって、無神論は当然の選択である[45]」

　罪なき人が苦しみのうちで孤独であり、自分がこの世界に残されたただ一人の人間であると感じるとしたら、「それはおのれの双肩に神のすべての責任を感じるためである」。だから受難はユダヤ人にとって信仰の頂点をなす根源的状況なのであり、受難という事実を通じてユダヤ人はその成熟を果たすことになる。

「それが受難という言葉の特殊ユダヤ的な意味である。（……）秩序なき世界、すなわち善が勝利し得ない世界において、犠牲者の位置にあること、それが受難である。そのような受難が、救いのために顕現することを断念し、すべての責任を一身に引き受けるような人間の全き成熟をこそ求める神を開示するのである」[46]

ユダヤ人の神は「救いのために顕現する」ものではなく、「すべての責任を一身に引き受けるような人間の全き成熟を求める」ものであるというねじれた論法をもってレヴィナスは「遠き神」についての弁神論を語り終える。神が顕現しないという当の事実が、独力で善を行い、神の支援ぬきで世界に正義をもたらしうるような人間を神が創造したことを証明している。「神が不在である」という当の事実が「神の遍在」を証明する。この屈折した弁神論は、フロイトの「トーテム宗教」ときれいに天地が逆転した構造になっている。

勧善懲悪の全能神はまさにその全能性ゆえに人間の邪悪さを免責する。一方、不在の神、遠き神は、人間の理解も共感も絶した遠い境位に踏みとどまるがゆえに、人間の成熟を促さずにはいない。ここには深い隔絶がある。

この隔絶は「すでに存在するもの」の上に「これから存在するもの」を時系列に沿って積み重ねてゆこうとする思考と、「これから存在させねばならぬもの」を基礎づけるために「いまだ存在したことのないもの」を時間的に遡行して想像的な起点に措定しようとする思考の間に穿たれている。別の言い方をすれば、「私はこれまでずっとここにいたし、これからもここにいる生得的な権利を有している」と考える人間と、「私は遅れてここにやってきたので、〈この場所に受け容れられるもの〉であることをその行動を通じて証明してみせなければならない」と考える人間の、アイデンティティの成り立たせ方の違いのうちに存している。

どうしてこのような文明的なスケールの断絶が古代の中東で生じてしまったのか、私はその理由を知らないし、想像も及ばない。私たちに分かっているのは、このような不思議な思考習慣を民族的規模で継承してきた社会集団がかつて存在し、今も存在し、おそらくこれからも存在するだろうということだけである。

8　ある出会い

モーリス・ブランショはエマニュエル・レヴィナスのストラスブールでの学生時代からの親友であった。反ユダヤ主義を公然と掲げていたこの極右の青年知識人が、リトアニアからやってきた仔熊のような風貌のユダヤ人青年に生涯変わらぬ友愛をささげたのはなぜなのか、その理由についてはまだ誰からも説得力のある説明を聞いたことがない。ブランショ自身からも。

「私がエマニュエル・レヴィナスにいかに多くのものを負っているかということはご存知だと思います。彼は今日では私のもっとも古い友人であり、私が『君』と親称で呼ぶことのできる唯一の友です[47]」

モーリス・ブランショ青年は（サルトルの反ユダヤ主義者の定義をそのまま借りれば）、「その故地、その国土に深く根づき、二千年の伝統に養われ、父祖の叡智を豊かに受け継ぎ、風雪に耐えた慣習に導かれて生きる真のフランス人」の一人であった。少なくとも周囲からはそう見なされていた。それゆえ「深層のフランス」と「擬制のフランス」の対立スキームで政治を語るシャルル・モーラスやティエリ・モーニェの革命の語法にも深く親しむことができたのである。

フランスの知性的・審美的洗練の極限のようなブランショの眼からレヴィナスはどのような人間に見えたのだろう。ストラスブール大学で出会ったレヴィナスのうちにブランショは「何か奥深いもの」を感知した、としか書いていない。

一方のレヴィナスは同じ出会いをこう回想している。

「ストラスブールにいる間、私たちはほとんどずっと一緒でした。(……) 彼がどんなふうだったかはとても描写できません。とにかく際立った知性と貴族主義的な思想という印象がありました。政治的立場は私とはまったく違っていました。彼は王党派でしたから。でも、私たちは会ってすぐに互いに親しくなりました[48]」

その友愛の絆はレヴィナスが応召し、捕虜になっていた期間、ブランショに「忌わしい政治のために危険に曝されていた彼の大事な家族の世話が委ねられた[49]」ためにいっそう深いものとなった(ブランショはナチのユダヤ人狩りからレヴィナスの家族たちを匿《かくま》ったのである)。

ブランショはその経験を回想してこう記している。

「ナチスによる迫害(……)によって、私たちは、ユダヤ人が私たちの兄弟であると、そしてまた、ユダヤ教は一文化である以上に、さらには一宗教である以上に、私たちの他者との関係の根拠であると感じるようになったのです[50]」

ブランショは装飾的な修辞を用いる人ではないから、この「私たちの他者との関係の根拠」という言葉は額面どおりに受け取って構わないだろう。

フランス的教養に豊かに涵養された王党派の文学青年は、レヴィナスとの出会いの時に、おそらく彼がそれまで学んできたどのようなヨーロッパ的知性からも感じたことのなかった「異質なもの」を感知した。怜悧なブランショは、そのユダヤ青年の際立って特異な思考法のうちに、「個性」というよりはむしろ彼がそれを呼吸してきたある民族集団の「伝統」を看取したのである。私はそんなふうに想像している。

その「異質なもの」の経験についてブランショは以後数十年にわたって膨大な量の文章を書き続けた。それをここで要約することは私にはもちろん不可能だけれど、ブランショのうねり、よじれるような文章から私たちが知るのは、彼が経験したのは透明で叡智的な主体が明晰判明な語法で記述できる性質のものではなかったということ、むしろヨーロッパ文明があらゆる経験の基礎にすえていた観照的主体の存立根拠そのものを揺るがすようなものだったということである。ブランショはおそらくレヴィナスの前に立ったときに、彼が「人類が普遍的に分かち持っている知性」だと信じていたもののかなりの部分が「ヨーロッパ・ローカルの思考上の奇習」に過ぎないことを思い知らされたのである。

ユダヤ教、ユダヤ人について語ることは、端的にその人が「他者」とどのようにかかわるのかを語ることである。だから、ユダヤ人について客観的に語る言説というものは原理的にありえない。それはこれまで繰り返し書いてきたとおりである。

私たちがユダヤ人について語る言葉から学ぶのは、語り手がどこで絶句し、どこで理路が破綻し、どこで彼がユダヤ人についてそれ以上語るのを断念するか、ほとんどそれだけなのである。

終章注

1　ノーマン・コーン『シオン賢者の議定書――ユダヤ人世界征服陰謀の神話』(Norman Cohn, *Warrant for Genocide*, 1967, Scholars Press) 内田樹訳、一九八六年、ダイナミックセラーズ、一頁（強調は内田）

2　同書、一一二頁

3　Lawrence Taub, *The Spiritual Imperative: Sex, Age, and the Last Caste*, 1995, Clear Glass Press, p.45

4　「東アジア共同体」構想は今ではすでに日本のとりうる有望な外交的オプションとして議論されているが（例えば、森嶋通夫『日本にできることは何か――東アジア共同体を提案する』二〇〇一年、岩波書店や、谷口誠『東アジア共同体――経済統合のゆくえと日本』二〇〇四年、岩波新書）、一九九五年にトーブの本が出たときには、まだ荒唐無稽な物語にすぎなかった。

5 Taub, *op.cit.*, pp.198-199
6 *Ibid.*, p.199
7 *Ibid.*, p.199
8 Emmanuel Lévinas, 'Une Religion d'Adultes', *Difficile Liberté*, 1963, Albin Michel, p.25（強調は引用者）
9 Lévinas, *L'Arche*, 1981, juin（強調は引用者）
10 Lévinas, *Difficile Liberté*, p.195
11 *Ibid.*, p.39
12 François Poirié, *Emmanuel Lévinas*, 1992, Babel, p.105
13 Sartre, *op.cit.*, p.81
14 *Ibid.*, pp.24-25
15 *Ibid.*, p.108（強調はサルトル）
16 *Ibid.*, p.25
17 *Ibid.*, p.26（強調はサルトル）
18 *Ibid.*, pp.117-118（強調はサルトル）
19 *Ibid.*, p.118
20 *Ibid.*, p.180（強調はサルトル）

21 *Ibid.*, p.181
22 *Ibid.*, p.182
23 Norman Cohn, *Histoire d'un Mythe: La "Conspiration" juive et les Protocoles des Sages de Sion*, traduit par Léon Poliakov, 1967, Gallimard, p.248
24 *Ibid.*, p.249
25 *Ibid.*, p.252
26 *Ibid.*, p.254
27 *Ibid.*, p.255
28 S・フロイト「トーテムとタブー」『フロイト著作集3』西田越郎訳、一九六九年、人文書院、二〇〇-二〇一頁（強調はフロイト）
29 同書、一九九頁
30 同書、一九九頁（強調は引用者）
31 同書、二〇一頁
32 Cohn, *op. cit.*, p.255
33 *Ibid.*, p.255
34 *Ibid.*, p.262
35 *Ibid.*, p.262
36 フロイト、前掲書、二六五頁

37 同書、二六八頁
38 同書、二七〇頁
39 Poirié, *op.cit.*, p.114
40 *Ibid.*, p.114
41 『ヨブ記』、二三：三-五
42 Lévinas, *Quatre Lectures Talmudiques*, 1968, Minuit, p.182（強調は引用者）
43 Lévinas, *Autrement qu'être ou Au-delà de l'Essence*, 1974, Martinus Nijhoff, p.110（強調は引用者）
44 Lévinas, *Difficile Liberté*, p.36
45 *Ibid.*, p.202
46 *Ibid.*, p.203
47 モーリス・ブランショ『ブランショ政治論集』安原伸一朗他訳、二〇〇五年、月曜社、二八三頁
48 Poirié, *op.cit.*, p.72
49 ブランショ、前掲書、二八四頁
50 同書、二八四-二八五頁

新書版のためのあとがき

この本の成立事情をご説明する。

もとになったのは二〇〇四年度後期の神戸女学院大学での講義ノートである。その講義ノートのもとになったのは、過去二十年ほどにわたって書き継がれたユダヤ教と反ユダヤ主義についての個人的な研究ノートである。研究ノートのうちのいくつかの章はすでに論文として発表したことがある。

その講義ノートを二〇〇五年の一月号から九月号まで『文學界』に連載した。最初の方の何号分かの原稿はまだ続いていた講義中のノートから取りだしたものである。ノートに基づいて教室で講義をし、それについての学生たちの反応を見て（学生たちが眠り出したら「この話は受けないんだ」というふうに）、いくぶんかフィードバックして書き改めたものを送稿した。「実況録画」のような感じである。

どうして女子大でユダヤ文化論を突発的に半期だけ講義することになったかというと、その前の年に、私の属する文学部総合文化学科の三人の教師で「ユダヤ文化論」という半期のリレー式講義をしたからである。小さい学科であるにもかかわらず、私どもの学科には旧約聖書学の飯謙《いいけん》先生とアメリカのユダヤ文学の研究者である三杉圭子先生というお二人のユダヤ専門家がいて、フランスにおける反ユダヤ主義思想史について調べたことのある私を加えると、ちょっと面白そうなユダヤ文化論ができそうな気がしたので、「やりませんか?」と提案してみたら、おふたりとも快諾して下さったのである。

そのリレー式講義のときに私は「日本における反ユダヤ主義」というテーマで日猶同祖論を紹介した。そのときのマクラに、ハリウッド映画とアメリカン・ポップスとノーベル医学生理学賞と西洋哲学史におけるユダヤ人の圧倒的なプレザンスについて触れた。

「キャロル・キングとリーバー&ストーラー抜きのアメリカン・ポップスが想像できないように、マルクスとフロイトとフッサールとレヴィナスとレヴィ=ストロースとデリダを抜きにした哲学史は想像することもできない」というフレーズで決めてみたのであるが、学生諸君は何となく片づかない表情のまま私の顔をみつめていた。

そうか。これは先生が悪かった。

キャロル・キングとかデリダとか、君たちにとってはあまりインスパアリングな固有名詞じゃないからね。知らないんだね。これはすまないことをした。もちろんグルーチョ・マルクスとカール・マルクスの修辞の相似についても特段のご興味はないであろう。

三回の担当時間が終わってレポートを集めたら、「ユダヤ人が世界を支配しているとはこの授業を聞くまでは知りませんでした」というようなことを書いている学生が散見された。

これは困ったことになった。

「ユダヤ人が世界を支配している」というようなことを言う人間がいるが、そういう奇想天外なる発想はどうして生成したのか……ということを論じたつもりであったが、どうやら学生諸君は話の前半だけを理解して、後半のぐちゃぐちゃした思想史的解説は「めんどくさいからスルー」したようである。これではまるで私が反ユダヤ主義的デマゴギーを教壇からまき散らしたようではないか。

あわてて翌年にその後始末をするつもりで、ちょっと本格的にユダヤ文化論を語ってきかせようと思ったのである（前年度に受講した学生はもう来てくれないので、取り返しはつかないのであるが）。その結果出来たのが本書である。

『文學界』というハイブラウな媒体に書かせて頂いたので、学生にしゃべっているときよりはちょっと文体が硬質になっているが、もし内容がわかりにくいとしたら（現にわかりにくいが）、それは文体のせいではなくて、ユダヤ人問題というものがはらんでいる本質的な「わかりにくさ」のせいである。

私のユダヤ文化論の基本的立場は「ユダヤ人問題について正しく語れるような言語を非ユダヤ人は持っていない」というものである。もちろん政治的・宗教史的・文化史的な語法でユダヤ人問題を論じることは可能であるし、かなり整合的で、説得力にあふれたユダヤ人論を書くことだってできないことはない。現に多くの非ユダヤ人が大部のユダヤ人論を書いている。でも、おそらく非ユダヤ人の書くそのようなユダヤ人論を当のユダヤ人たちはあまりまじめに受け止めてはくれないような気がする。静かに微笑んでから、「まあ、がんばってください」と言い残して、立ち去ってしまうのではないだろうか。

本書が「わかりにくい」大きな理由は、実はユダヤ人が読んだときにも「わかる」ように書いているせいなのである。そういう書き方をする人はあまりいない。別にそれが「いい」ということではなくて、「あまりいない」という事実を申し上げているだけである。

私はどういうテーマで書く場合でも、論じられている当のご本人が読んだときにどう思うだろうということをいつも念頭に置いている。だから、私のユダヤ文化論はもちろん日本人読者に向けて書いているのだけれど、それと同時にこれが英語やフランス語やイディッシュ語に訳されて（訳されないが）、ユダヤ人読者が読んだときに、「なるほど、ユダヤ人のことを『こんなふうに』見ている日本人もいるのか……」という「データ」として有用であることを目指して書いている。慎ましい望みと思われるかもしれないが、私にとっては法外な野心なのである。

私の書斎のデスクの横には十五年前にエマニュエル・レヴィナス老師から頂いた一通の手紙が額に収めて掛けてある。

そこには「送って頂いたご本、残念ながら日本語が読めないのですが、きっと素晴らしいお仕事だろうと確信しています。あなたは私のことをとても精密な仕方でご理解くださっているように感じられます」という一文が記されている。

読めないけれど「感じられる」と老師は書いて下さった。そのひとことがどれほど私を勇気づけてくれたか、とても言葉にはできない。

それから長い年月が経ったけれど、レヴィナス老師の骨格をなしているユダヤ的な思考をどれくらい理解できるようになったのか、私には判断できない。でも、この一冊は私が老師の墓前に捧げる何度目かの「手向けの花」である。先生は私の「ユダヤ文化論」を読んで、どう思われるだろう。

「三十年やってきて、これですか……やれやれ。もう少し書きようがあるんじゃないかね」とおっしゃるだろうか。それとも「ふうん。だいぶ、わかってきたじゃないか」とおっしゃるだろうか。

二〇〇六年四月四日

内田 樹

内田　樹（うちだ　たつる）

1950年東京生まれ。東京大学文学部仏文科卒業、東京都立大学大学院博士課程（仏文専攻）中退。現在、神戸女学院大学文学部教授。専門は、フランス現代思想、映画論、武道論。2007年、本書により小林秀雄賞受賞。主な著書に『ためらいの倫理学』(角川文庫)、『死と身体』(医学書院)、『ひとりでは生きられないのも芸のうち』(文藝春秋)、『寝ながら学べる構造主義』(文春新書)、『先生はえらい』(ちくまプリマー新書)、『他者と死者』(海鳥社)、『街場の現代思想』『街場のアメリカ論』(NTT出版)など多数。

文春新書

519

私家版《しかばん》・ユダヤ文化論《ぶんかろん》

2006年（平成18年）7月20日　第1刷発行
2011年（平成23年）7月15日　第17刷発行

著　者　内田　樹
発行者　飯窪成幸
発行所　株式会社　文藝春秋

〒102-8008　東京都千代田区紀尾井町3-23
電話　(03)3265-1211（代表）

印刷所　大日本印刷
製本所　大口製本

定価はカバーに表示してあります。
万一、落丁・乱丁の場合は小社製作部宛お送り下さい。
送料小社負担でお取替え致します。

ISBN4-16-660519-4

◆こころと健康・医学

こころと体の対話　神庭重信
人と接するのがつらい　根本橘夫
傷つくのがこわい　根本橘夫
「いい人に見られたい」症候群　根本橘夫
依存症　信田さよ子
不幸になりたがる人たち　春日武彦
17歳という病　春日武彦
親の「ぼけ」に気づいたら　斎藤正彦
100歳までボケない101の方法　白澤卓二
愛と癒しのコミュニオン　鈴木秀子
心の対話者　鈴木秀子
うつは薬では治らない　上野　玲
スピリチュアル・ライフのすすめ　樫尾直樹
＊
食べ物とがん予防　坪野吉孝
わたし、ガンです　ある精神科医の耐病記　頼藤和寛
あなたのための　がん用語事典　国立がんセンター監修　日本医学ジャーナリスト協会編著
がんというミステリー　宮田親平
僕は、慢性末期がん　尾関良二
がん再発を防ぐ「完全食」　済陽高穂
熟年性革命報告　小林照幸
熟年恋愛講座　高齢社会の性を考える　小林照幸
熟年恋愛革命　恋こそ最高の健康法　小林照幸
こわい病気のやさしい話　山田春木
風邪から癌まで　つらい病気のやさしい話　山田春木
花粉症は環境問題である　奥野修司
めまいの正体　神崎　仁
膠原病・リウマチは治る　竹内　勤
妊娠力をつける　放生　勲
脳内汚染からの脱出　岡田尊司
痩せりゃいい、って　もんじゃない！　森永卓郎　柴田　玲
ダイエットの女王　伊達友美
神様は、いじわる　さかもと未明
医療鎖国　なぜ日本ではがん新薬が使えないのか　中田敏博

◆考えるヒント

常識「日本の論点」 『日本の論点』編集部編
10年後の日本 『日本の論点』編集部編
10年後のあなた 『日本の論点』編集部編
27人のすごい議論 『日本の論点』編集部編
論争 格差社会 文春新書編集部編
大丈夫な日本 福田和也
孤独について 中島義道
性的唯幻論序説 岸田 秀
唯幻論物語 岸田 秀
なにもかも小林秀雄に教わった 木田 元
民主主義とは何なのか 長谷川三千子
寝ながら学べる構造主義 内田 樹
私家版・ユダヤ文化論 内田 樹
完本 紳士と淑女 徳岡孝夫
団塊ひとりぼっち 山口文憲
信じない人のための〈法華経〉講座 中村圭志

お坊さんだって悩んでる 玄侑宗久
静思のすすめ 大谷徹奘
平成娘巡礼記 月岡祐紀子
生き方の美学 中野孝次
さまよう死生観 宗教の力 久保田展弘
心中への招待状 華麗なる恋愛死の世界 小林恭二
なぜ日本人は賽銭を投げるのか 新谷尚紀
京のオバケ 真矢 都
京都人は日本一薄情か 落第小僧の京都案内 倉部きよたか
金より大事なものがある 東谷 暁
小論文の書き方 猪瀬直樹
勝つための論文の書き方 鹿島 茂
面接力 梅森浩一
退屈力 齋藤 孝
坐《すわ》る力 齋藤 孝
断る力 勝間和代
愚の力 大谷光真
発信力 頭のいい人のサバイバル術 樋口裕一

誰か「戦前」を知らないか 山本夏彦
百年分を一時間で 山本夏彦
男女の仲 山本夏彦
「秘めごと」礼賛 坂崎重盛
人ったらし 亀和田 武
わが人生の案内人 澤地久枝
論争 若者論 文春新書編集部［編］
成功術 時間の戦略 鎌田浩毅
東大教師が新入生にすすめる本 文藝春秋編
東大教師が新入生にすすめる本2 文藝春秋編
世界がわかる理系の名著 鎌田浩毅
ぼくらの頭脳の鍛え方 立花 隆 佐藤 優
世間も他人も気にしない ひろ さちや
風水講義 三浦國雄
「日本人力」クイズ 現代言語セミナー 清野 徹
女が嫌いな女 週刊文春編集部編
丸山眞男 人生の対話 中野 雄
ガンダムと日本人 多根清史

(2011. 3) D